大人の言葉遣いが身につく!

モノの言い方1年生のキミへ

金森たかこ 著／西出ひろ子 監修

すばる舎

はじめに

学生から社会人になって数カ月が経った頃でしょうか。

今までとはガラッと環境が変わり、戸惑うことも多いかと思います。

初めてあなた一人で仕事を任されたとき、あなたのご両親と同年代の上司と話すとき、得意先を訪問するとき……。

仕事の内容以前に、

「一生懸命話しているのに、相手にうまく伝わらない」

「自分が言いたいことにぴったりの言葉がわからない」

「きちんと話しているつもりなのに、なぜか怒られる」

「なぜかいつも誤解されてしまう」


このように「モノの言い方」について、悩んではいないでしょうか。

ある研修で、上司と部下の間でこんなやりとりがありました。

部下**「課長は本当にプレゼンがお上手ですね！　とても参考になりました！」**
上司**「あ、ありがとう……」**

彼は上司のプレゼンを見て、「プレゼンが上手ですごい！」ということを伝えたかったのですが、どうやら上司には尊敬の気持ちがしっかりと伝わらなかったようです。

彼が上司を褒めるときに使った「お上手ですね」と「参考になりました」という言葉。もしかしたら、あなたも日常でよく使っている言葉かもしれません。

しかし、この言葉には「部下が上司を評価している」というニュアンスが含まれているため、上から目線に聞こえてしまう表現です。


つまり、**言葉の選び方を間違えてしまったことで、正しく気持ちが相手に伝わらなかった**ということです。

「言葉」には意味があるのと同時に、その「言葉」が持つ印象、イメージがあります。

そのため、同じ意味を表す言葉でも、ビジネスの場にふさわしい言葉、使わないほうがいい言葉、上から目線に聞こえる言葉など、それぞれに特徴があります。

上司に対して敬意を持っているのに、言葉選びを間違えたことで、本当の気持ちが伝わらないことは大変もったいないことです。

また、**新入社員のうちは仕事のスキル以前に「モノの言い方」が評価基準となってしまうことがあります。**

お客様や取引先の前に出しても恥ずかしくないか、しっかりと相手によって正しく言葉選びができているかを、上司は見ています。

気持ちや心は、相手に見えません。

その見えない気持ちや心を相手にわかるように伝えるのが、「言葉」であり「モノの言い方」なのです。

本書は、あなたの気持ちが相手にしっかりと伝わり、周りの人と良い関係を築いていけるように、言葉を味方につけて、正しく評価をしてもらうための本です。

私は一般企業の人事部を経て、フリーアナウンサーに転身、現在は企業での研修のほか、学校教育現場、講演会、話し方スクールなどの講師として、のべ1万人以上の方にマナーや話し方、コミュニケーションについてお伝えしてきました。

その中で強く感じたことは、**「モノの言い方」ひとつで相手と良好な関係を築けるかどうかが決まる**、ということです。

良好な人間関係を築くためには、良好なコミュニケーションが必要です。

それは、ただ上手に話すことではありません。自分の思いを正しく相手に伝え、「あなた」という人を知ってもらうこと、それこそが大切なのです。

たとえば、初対面の人と会ったとき、「言い方が柔らかくて感じの良い人だったな」「なんだか上から目線で話してくる人だったな」などと思ったことはないでしょうか。

これらはすべて、その人の「モノの言い方」からつくられる印象です。

実際にその人がどうなのかではなく、使う言葉で印象を決められてしまうことが多いのです。

ちょっとしたひと言で、相手に与える印象は大きく変わってしまうのです。

この本は、「こんなときなんと言えばいいんだろう」と疑問に思うあなたに、OKなモノの言い方とNGなモノの言い方を各項目に記載しています。

ひとつの言葉を紹介するのではなく、いくつかの言い換え表現を紹介するとともに、「なぜNGなモノの言い方を使ってはいけないのか」を詳しく解説しています。

時間がないときには、まとめページだけお読みいただければ、どのような言い方をすればよいのかがすぐにわかるようになっています。

また、新入社員だけでなく、言い方のレパートリーが少ないと感じている入社2～3年目の若手ビジネスパーソンや部下を育てたい管理職の方、改めて「大人のモノの言い方」を学びたいと思っている方など、年齢問わず役立てていただけるはずです。

本書があなたの言葉選びに磨きをかけ、周りの人々から信頼される人になることや、あなたの可能性を大きく拡げる一助となりますことを心から願っております。

金森たかこ

2019年3月

第1章 モノの言い方で評価は大きく変わる

第2章 普段の会話で好印象を持たれるモノの言い方

第3章 相手を動かす上手なモノの言い方

第4章

素直な気持ちが伝わる丁寧なモノの言い方

第5章　言いにくいことを上手に伝えるモノの言い方

第6章 迷わず使える！ メール・電話でのモノの言い方

カバー・本文デザイン　三森健太（JUNGLE）
カバー・本文イラスト　久野貴詩
図版　李佳珍

第1章

モノの言い方で評価は大きく変わる

ちゃんと敬語を使っているのになぜか怒られる

言葉選びのミスで
自然とあなたの評価を
下げてしまっているのです！

言葉の選び方ひとつで、評価は大きく変わる

学生から社会人になり、大きくあなたの環境が変わった頃でしょうか？

仕事には慣れましたか？　職場には馴染めていますか？

社会に出ると、上司や先輩、お客様など今まで接することがなかった年代の方々とコミュニケーションを取る機会が多くあることでしょう。

また、学生時代のアルバイトとは異なり、あなた自身が責任を持って取り組まなければならない仕事があったり、両親と同世代の人と仕事をしなければいけなかったりと、戸惑っている人も多いのではないでしょうか。


その戸惑いのひとつに**「言葉の遣い方」**があるかと思います。

学生時代には気にせず使っていた言葉や言い方でも、ビジネスの場では相手を怒らせてしまう原因になってしまうことがあります。

感謝の気持ちを一生懸命伝えたのに、なぜか相手は苦笑い……。

わからないことを上司に質問したけれど、なぜか怒らせてしまった……。

このような経験をしたことはありませんか？

それは、**ちょっとした言葉の選び方のミスで相手に誤解されたり、あなたの気持ちが相手にしっかりと伝わっていないことが原因**かもしれません。

たとえば、上司や先輩にアドバイスをもらったとき。とっさに「なるほど〜」と言ってしまったことはありませんか？

「なるほど」という言葉は、友人に何かを教えてもらったとき、「なるほど！ありがとね！」と、気軽に使う言葉かもしれません。

しかし、この「なるほど」はビジネスの場で適切と言えるでしょうか？

答えはNOです。「なるほど」はあいづちとして口グセのように使うこともあると思いますが、上司や先輩に対して使ってしまうと、「上から目線」「ちゃんと話を聞いているのか？」と相手に不信感を抱かせてしまうこともあります。

この場合は**「おっしゃる通りです」**や**「勉強になりました」**を使うのがよいでしょう。

このように、**ビジネスの場では言葉遣いや言い方だけで、一瞬で評価されてしまう**

ことがよくあります。言い方を知らなかったために、あなたの評価を落とし、相手を不快にさせてしまうのは非常にもったいないことです。

誰も教えてくれないけど、とても大事なビジネススキル

人は、まだ相手のことをよく知らない段階では、その人が使う言葉や話し方で人柄を想像し、判断をしてしまうものです。

本当は言い方を知らなかっただけなのに、言葉ひとつで「生意気な新人だな」と思われてしまうことも。

たかが「言葉ひとつ」ですが、そのひと言で印象が悪くなり、「常識知らず」「仕事ができない」とレッテルを貼られてしまうこともあるのです。

では、相手に好印象を与え、あなたの評価を上げるためにはどうしたらいいのでしょうか？

それは、**「大人の言葉遣い」を身につける**ことです。

「大人の言葉遣い」と聞くと、「なんだか堅苦しくて、難しそう」と思うかもしれません。

しかし、安心してください。これから、ビジネスの場で今日からすぐに使える自然な「大人の言葉遣い」を一緒に学んでいきましょう。

入社1年目だと、先輩に仕事のスキルでは敵わないでしょう。

しかし、「大人のモノの言い方」さえ知っていれば、仕事のスキルが追いついていなくても、上司はあなたを高く評価してくれるはずです。

仕事はできるけど、お客様に対して「そうっすね」など適当な言葉遣いをしている人と、仕事のスキルはまだ不十分だけど、お客様に対して誠意を持って丁寧に言葉を選んで話しているあなた。

上司がほかのお客様にも紹介したいと思うのはどちらでしょうか？

きっと後者のはずです。

言葉を味方につけることはビジネスパーソンとして大事なスキルです。

学校や会社ではなかなか教えてもらえないからこそ、今までとは違う「大人のモノの言い方」を身につけられれば、上司や先輩から高く評価されるはずです。

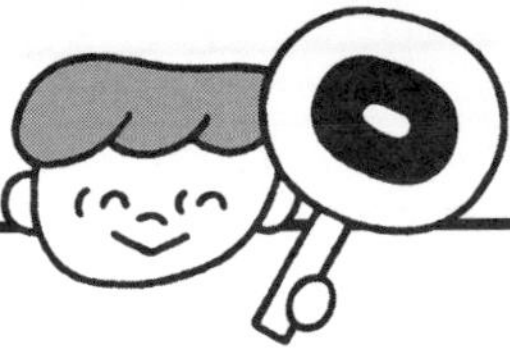

OKな
モノの言い方

① おっしゃる通りです

② 勉強になりました

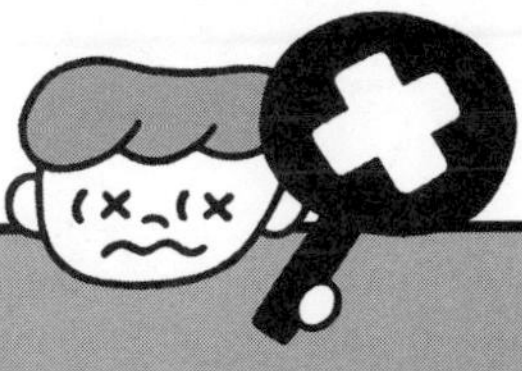

NGな
モノの言い方

❶ なるほど

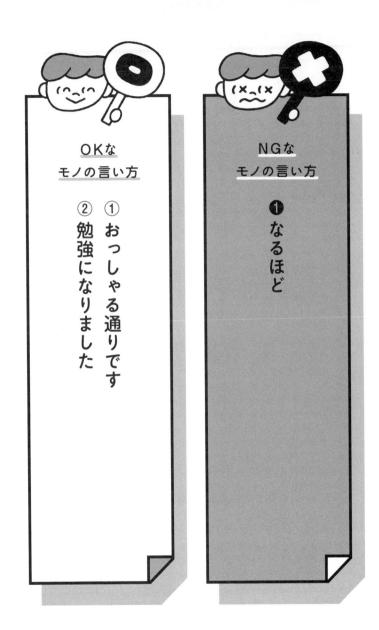

言葉遣いが
原因で怒られる
新入社員が9割

ビジネスにはビジネスでの
言葉遣いがあります。
アルバイト言葉はNGです。

「まじですか」も「本当ですか？」も正しくない

先ほど正しくあなたを評価してもらうため、誤解されて損をしないために、言葉を味方につけましょうとお伝えしました。

では、具体的に、言葉を味方につけるとはどのようなことなのでしょうか？

ある電話応対研修に行ったときのことです。参加していたAさんが「自分では丁寧な表現で上司と話していたつもりなのに、突然怒られた」と、話してくれました。

Aさんによると、上司へのあいづちとして「まじですか」と言ったところ、「その言葉遣いはなんだ！」と怒られたとのこと。

今、本書をお読みのあなたは「さすがに『まじですか』とは言わない」と思っているかもしれませんね。

たしかに「まじですか」は極端な例ですが、**このような「アルバイト言葉」が原因で知らない間に評価を落としている若手ビジネスパーソンは非常に多い**のです。

Aさんは上司にしっかり敬語を使おうと思い、普段使っている「まじ?・」に「ですか」をつけて「まじですか」と丁寧語に変換しました。

しかし、そもそも丁寧語に変換する以前に、「まじ」という言葉自体が、ビジネスの場や目上の人に使う言葉としてふさわしくないのです。

つまり、言葉の選び方に問題があったということです。

Aさんは「ですか」をつけて丁寧な表現にしたつもりでしたが、上司には「社会人としての言葉遣いができない」と評価されてしまったのです。

このように言葉の選び方を少し間違えてしまうだけで、本当のあなたの気持ちが相手に届かなくなってしまうことがあります。

では、このAさんの場合、なんと言えばよかったのでしょうか?

『まじ』の代わりだから、『本当ですか?・』が正解」と思う方も多いかもしれませんね。

ところが、「本当ですか」という表現は、「相手の話が本当なのか疑っている」と捉えられることも少なくありません。目上の人に使うと、失礼にあたることもあります。

この場合は、**「そうなんですね」**や**「初めて聞きました」**というような、話の内容に合った表現を使うのがよいでしょう。

つい「すみません」と言っていませんか？

あなたは上司に呼びかけるとき、つい「すみません」と声をかけたことはないでしょうか？

この「すみません」という言葉。とても便利な言葉で、謝罪の場面ではもちろん、感謝や依頼、人に呼びかけるときなど、口グセのように何気なく使ってしまう方が多いようです。

たとえば、忘年会の幹事をしてくれた先輩に対して感謝の意味を込めて「すみません」と言う人もいるでしょう。

また、上司に呼びかけるときに「すみません」を使う人もいるかと思います。

しかし、感謝を伝えたい場合は「ありがとうございます」、上司に呼びかけるときには、「〇〇部長」とシンプルに言えばよいのです。

このように、**それぞれの場面に応じた言葉、何を伝えたいのかハッキリとわかる言葉を使えることが、学生とビジネスパーソンの大きな違いです。**

社会人になると、学生時代にはほとんど使うこともなく、聞いたことがないような言葉に戸惑い、どのように使えばよいかわからない、ということもあるでしょう。また、アルバイト先や学校の先輩には通用していた言葉も、ビジネスの場ではふさわしくない言葉として分類されるものも多くあります。

その時々に合った言葉を知ることで正当に評価をしてもらえたり、上司や社外の人から信頼を得ることができるなど、あなたにとってメリットはたくさんあります。

逆に、「聞いたことがないからそんな言葉は使えません」と言ってしまうと、上司はあなたに仕事を任せようと思わなくなるでしょう。

状況に合ったふさわしい言葉遣いを知っているだけで、損をすることはなくなるのです。

大人のモノの言い方はあなたの成長やスキルアップ、人望にもつながっていきます。

OKな
モノの言い方

① そうなんですね
② 初めて聞きました

NGな
モノの言い方

❶ まじですか!?
❷ 本当ですか？

「とりあえず」や「大文夫です」は使ってはいけない

いろいろな意味に
受け取られる可能性のある
言葉遣いは危険です!

何気なく使っている言葉がビジネスでは禁句⁉

「駅に着いたら、とりあえず電話して！」
「明日は休みだから、とりあえず映画でも見に行こうよ！」

このように、日常生活で「とりあえず〜」という言葉を使う機会はよくあると思います。

とくに深い意味もなく使っている、この「とりあえず〜」という言葉。

実は、ビジネスの場では曖昧でいい加減な表現として、嫌われている言葉なのです！

入社して半年が経った新入社員の方の研修に伺ったとき、受講生のBさんから「お客様にお名前を記入いただくときに『とりあえず、こちらにご記入をお願いします』とお伝えしたところ、それを聞いていた先輩から『とりあえずは使わないほうがいい』と注意されたのですが、理由がわかりません」という相談を受けました。

Bさんが何気なく使った「とりあえず〜」ですが、なぜ先輩は不適切な言葉選びだと感じてしまったのでしょうか？

それは「とりあえず」の持つイメージに問題があったのかもしれません。

「とりあえず」には、大きく2つの意味があります。

1つ目は**「すぐに」「急いで」**など。2つ目は**「さしあたって」「一応」**など。

2つ目の意味に関しては、**「何となく」「間に合わせ」**といったマイナスのニュアンスが含まれるため、同じ言葉でも人によって受け取り方はまったく異なってしまいます。

ビジネスの場でも①「とりあえず検討します」、②「とりあえず資料をお送りいたします」など、つい使ってしまいがちな表現かもしれません。

言った本人は「すぐに」という意味で使っていたとしても、「とりあえず」と言われた相手は「一応」や「適当に」といった意味で捉え、いい加減に扱われているイメージを持ってしまう可能性があります。

このように、**いろいろな意味に受け取られる可能性のある言葉を安易に使ってしまうと、あなたの気持ちや意図がうまく相手に伝わらず、誤解を生む原因になりかねません。**

この場合は①「いったん持ち帰り、社内で検討します」、②「すぐに資料をお送りいたします」と言い換えるのが良いでしょう。

言葉の意味を決めるのは「受け取る側」

「とりあえず」以外にも相手に違う意味で受け取られてしまいがちな言葉が「大丈夫です」です。

「大丈夫」本来の意味は「間違いなく、確かである」「危険や心配がない様子」ですが、最近では「できる・できない」という可能、不可能の意味や断り文句として使われることも多いようです。

たとえば、次のような使い方をすることはありませんか？

①「コーヒーのおかわりはいかがですか？」→「大丈夫です」
②「こちらでよろしいでしょうか？」→「はい、大丈夫です」

社会人になるまでは友人など、年齢が近い人と接することが多く、言葉の使い方も似ているため、誤解されることもなかったでしょう。

しかし、社会に出ると、上司やお客様、取引先など、年齢も立場も状況も考え方も異なる相手とコミュニケーションを取らなければなりません。

大切なのは、自分が伝えたいことを状況に合った表現に言い換え、言葉を選ぶこと。

①の場合は、**「ありがとうございます。十分いただきました」**と、②の場合には、**「はい。問題ございません」**と言い換えるのが適切です。

同じ言葉でも、受け取る人によって違う意味に取られる可能性のある曖昧な言葉を使ってしまうことは、とても危険なのです。

コミュニケーションは人と人とで成り立つものです。いくら文法的に正しくても、相手が不快に感じたり、誤解するような表現を使うのはNGです。

言葉のストックを増やして、場面に合った適切な言葉を選べるようになりましょう。

OKな
モノの言い方

① 十分いただきました

② はい。問題ございません

NGな
モノの言い方

❶ 大丈夫です

目上の人に対して使ってはいけない言葉とは？

実は「ご苦労様です」や
「お教えします」は
失礼にあたる言葉です！

普通に話しているのになぜか「上から目線」と言われる…

本書をここまで読み進めてくれたあなたは、「言葉って難しい」「モノの言い方って面倒だな」と思っているでしょうか。

安心してください。心配はいりません。言葉は意識して使うことで、あなたの味方になってくれるのです。

言葉は口に出し、使ってこそ磨かれます。学生時代には口にしなかった言葉を、社会人になったからといって急に使い出すことは、なんだか恥ずかしく、勇気もいることでしょう。

ところが、少し勇気を出して言葉を使うだけで、あなた自身が成長でき、評価もみるみる上がっていくのです。

今までお伝えしてきたように、言葉にはそれぞれ特徴があります。相手によってさまざまな意味に取られる言葉、ビジネスの場にふさわしくない言葉、目上の人に使うと失礼な言葉……など。

たとえば、「ご苦労様」という言葉。出張から帰ってきた上司に対して「ご苦労様です！」と言うことは、ビジネスパーソンとして適切でしょうか？

「ご苦労様」は、目上の人が目下の人にかけるねぎらいの言葉でもあり、本来目上の人に使う言葉ではありません。

この場合、出張から戻ってきた上司にかける第一声は**「お疲れ様でした」**が適切と言えます。

言葉選びのミスが誤解を生む大きな原因

ほかにも目上の人に使うには適切でない言葉がいくつかあります。

たとえば、目上の人に何かを教えたり、説明する際に使う**「お教えします」や「おわかりになりましたか？」、「ご理解いただけましたか？」**などです。

あなたの親切心や念のための確認の気持ちが、言葉選びのミスでうまく相手に伝わらず、目上の人が不快に感じる危険性がある言葉です。

これらの言葉はすべて、上から目線に聞こえてしまう言葉で、言われた側は見下されているように感じてしまいます。

このように、選ぶ言葉によって、あなたの気持ちが正しく伝わらないことがあるのです。

この場合、**「お教え」は「ご説明」や「お伝え」**に置き換えます。

たとえば、

「使用法をご説明いたします」

「よろしければご説明いたしましょうか?」

「○○について、お伝えいたします」のように言い換えましょう。

また、「おわかりになりましたか?」「ご理解いただけましたか?」など、相手の理解度を判断しているように聞こえる言い方も、ビジネスの場では避けたほうがよいでしょう。

相手が理解できたかどうかではなく、「説明がきちんと伝わったかどうか」を確認する言い方がおすすめです。

「ご不明な点はございませんでしょうか？」「何かご質問はありませんか？」などを使うと、相手と良好なコミュニケーションを取ることができます。

ただ、「今まで使っていた言葉がビジネスではふさわしくない」と突然言われても、戸惑ってしまいますね。

仕事でもプライベートでも**相手との良好なコミュニケーションをはかるためには、言葉に対するアンテナを張っておくこと**が大切です。

言葉遣いは学校でも会社でも詳しくは教えてもらえませんが、あなたの身の周りで学ぶ機会は多くあります。

たとえば、上司や先輩はお客様にどんな言葉を選び、話しているでしょうか？

また、その言葉を言われたお客様は、どんな反応をしているでしょうか？

このようなことを観察し、あなた自身の中に取り入れていくだけで、言葉のストックは増え、大きく成長できるはずです。

最初はうまく言葉を選べなくても心配いりません。

上司や先輩の言葉選びを真似して、少しずつ成長していくあなたを見てくれている人は必ずいます。きっとあなたの評価は上がっていくはずです。

NGな

モノの言い方

❶お教えします

❷おわかりになりましたか？

❸ご理解いただけましたか？

OKな

モノの言い方

①ご説明いたします

②ご不明な点はございませんか？

③何かご質問はありませんか？

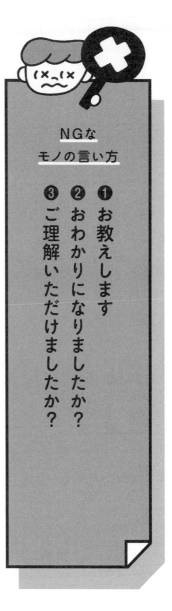

COLUMN 01

ある企業の新入社員研修に行った際、受講者のCさんから「意識して敬語を使っているのに、言い回しがおかしいと上司に注意された」と、相談を受けました。

彼にどんな言葉を使って注意されたのか聞いてみたところ、次のような言葉を使っていたことがわかりました。

「拝見させていただきます」
「先日お送りさせていただきました資料のほうは、届きましたでしょうか」

よく耳にする「させていただく」という表現。本来は、相手の許可をもらって何かをするときの謙遜した言い方です。

この表現を意味なく使ってしまうと、まわりくどい印象を与えてしまう可能性があるので、注意が必要です。

「拝見させていただきます」は**「拝見いたします」**に。

「先日お送りさせていただきました資料のほうは、届きましたでしょうか」は**「先日お送りした資料は届きましたでしょうか」**というように、シンプルに伝えましょう。

敬語を使う際のポイントは、「すっきり簡潔に、文の終わりを丁寧にする」こと。

敬語を使う際は、シンプルに、丁寧に伝えることを心がけましょう。

第2章

普段の会話で好印象を持たれるモノの言い方

相手が不安に
なってしまう
「了解です」

丁寧な言い方でも
使う相手によっては、
ふさわしくない場合も。

ビジネスの場では「かしこまりました」が適切

第1章では正しく評価をしてもらうための、モノの言い方の重要性をお話ししました。

ここからは、何気なく普段の会話で使ってしまうけど、実は目上の人に使う場合には失礼な言葉を紹介していきます。

私は今まで数多くの企業で研修を行ってきましたが、新入社員研修やフォローアップ研修でよく質問されるのが、相手との会話中に発する「あいづち」や「返事」に関してです。

あなたも上司と次のようなやりとりをしたことがあるのではないでしょうか？

上司　「明日までにこの資料つくっておいて！」
あなた　「了解です！」

この「了解」という言葉もよく使う言葉ですよね。

「了解」は「わかる・わかった」という意味を持つため、使う相手によっては間違いとは言えません。

しかし、「了解です」は相手に軽い印象を与えてしまい、上司は「本当に大丈夫かな？」とあなたに対して不安を抱くでしょう。

上司や取引先などの目上の人や立場が上の方に使う場合は、ふさわしい言葉とは言えないのです。

同じように「わかりました」も返事の言葉として間違いではありませんが、目上の人に対しては言い換えたほうがよい言葉です。

ビジネスの場では、「了解です」「わかりました」の代わりに、**「かしこまりました」「承知いたしました」を使います。**

軽すぎる敬語表現には要注意

私が研修を行ったある企業で、上司と部下のこのようなやりとりがありました。

上司「○○社の見積もりの件、どうなってる？　先方から返事は来た？」
部下「まだ来ていないのでわかりません」
上司「わからないってどういうこと？　ちゃんと返答の期限は伝えてあるんだよね？」
部下「期限……。すみません！　忘れてました！」

このあと、上司はカンカンに怒ってしまい、部下の若手社員は長い時間説教されていました。

さて、部下の彼が怒られてしまった理由は、もちろん「先方に期限を伝え忘れたこと」にあるのですが、少し言い方を変えるだけで、こんなにも怒られることはなかったでしょう。

「すみません」「忘れていました」は謝罪の言葉として、よく使われる言葉かもしれません。

しかし、この言葉はビジネスでの謝罪の場では、軽すぎる印象を与えてしまいます。

この軽すぎる印象の言葉のせいで、彼は上司を怒らせてしまったのです。

「すみません」は「申し訳ありません」「申し訳ございません」、「忘れていました」は「失念しておりました」と言い換えていれば、彼は長い時間説教されることもなかったでしょう。

このような場合は、

「申し訳ありません。先方に期限を伝えることを失念しておりました」

と答えるとよいでしょう。

最初は少し堅苦しく感じるかもしれません。

しかし、あなたが使う言葉の印象は、そのまま会社の印象につながるということを忘れてはいけません。

お客様に対して大人のモノの言い方ができれば、あなただけでなく、会社の評判も上げることができるのです。

OKな
モノの言い方

① かしこまりました、承知いたしました
② 申し訳ありません
③ 失念しておりました

NGな
モノの言い方

❶ 了解です、わかりました
❷ すみません
❸ 忘れてました

軽く聞こえる言葉遣いはNG。どう言い換える？

曖昧な言葉は使わず、
簡潔にわかりやすい言葉を
使うことがポイントです。

「～っぽいです」ではラフすぎる

上司「△△社との商談の件、もう連絡はした？」
部下「まだです。明日連絡しようと思ってたんですけど、明日でいいですか？
　先方がまだ調整中っぽいので」
上司「その言い方は何だ！」

このように入社1年目のあなたは、上司に確認をしてもらいながら仕事を進めることが多いかと思います。

しかし、この上司と部下のやりとり、上司からするとイラっとするポイントが2つあるのですが、あなたはわかりますか？

そうです。この部下の発言の中にある**「～でいいですか？」**と**「～っぽいです」**は、ビジネスで使う言葉としてふさわしいとは言えません。

上司に確認をとる際に、「～でいいですか？」「～で大丈夫ですか？」と言ってしまったこともあるかと思います。

しかし、目上の人に確認をとるときには、**「～してよろしいでしょうか？」**が適切です。

また、「～っぽいです」という言葉はカジュアルすぎる印象を与えるうえに、「どのような感じなのか」というのは、個人の感覚による言葉でもあります。

友人同士の会話では頻繁に使う言葉かもしれません。しかし、曖昧な表現でも通用していた学生時代と異なり、ビジネスの場で発言する言葉には責任が伴います。

「先方がまだ検討しているっぽい」という言葉から、自分には非がないと言っているような印象を受け、それが上司をイラっとさせる原因になることもあります。

先述したように、ビジネスの場での発言には責任が伴います。

決して言葉をぼかしたりせず、相手が聞きたいことを、簡潔にわかりやすく答えることが大切なのです。

もし、確信が持てない返答や誰かから伝え聞いたことを報告するときには、**「～のようです」「～とのことです」**などと、言い換えるようにしましょう。

OKな
モノの言い方

①～してよろしいでしょうか？
②～のようです、～とのことです

NGな
モノの言い方

❶～でいいですか？
❷～っぽいです

褒められたときに どう返すかが、評価の分かれ目

謙遜のしすぎは、
相手を否定することに。
素直に受け止めてOK！

「私なんて……」と、自分を下げて話すのは逆効果

入社して少し経つと、上司や先輩と会話が弾むことも増えてくるでしょう。ほかにも、職場の飲み会やお客様や取引先などを交えた接待など、立場や年齢の違う方、初対面の方など、多くの方と話をする場面があるでしょう。

たとえば、職場の飲み会で上司があなたの仕事ぶりを見て褒めてくれたとします。

上司　「最近、頑張っているね！」
あなた　「ありがとうございます。でも私なんて……」

このように、上司や先輩が褒めてくれたとき、何と返せばいいかわからないから、照れ隠しのために謙遜してしまうことはよくあるでしょう。

しかし、その謙遜が相手の言葉や思い、考えを否定しているように思われ、そのまま相手を否定していると受け取られてしまうことがあります。

相手に気を使い、「私なんて……」と、つい自分を卑下した言い方をしたことが、相

手の否定につながってしまうなんて、とても恐ろしいことですね。

褒められたときには素直に受け止める

嬉しい褒め言葉をもらったときは、否定したり、変に謙遜したりせず、「ありがとうございます」と素直に受け止めましょう。

人は褒められると、とても嬉しい気持ちになるものです。

とくに、あなたがコツコツ努力してきたことや、小さな変化に気づいてもらえると、何だか認めてもらえたようで、格別の嬉しさを感じますよね。

「最近頑張っているね」「プロジェクトの成功おめでとう！」などと声をかけてもらえる機会は、これから増えていくでしょう。

そんなときは、相手からの褒め言葉に対して、ニコッと笑って「ありがとうございます！」と素直に受け止めてみてください。

ほかにも**「嬉しいです」「光栄です」「恐縮です」**なども言い換え表現として適切でしょう。

上司や先輩に褒めてもらったときは、「お礼＋相手への感謝の気持ち」を伝えることがポイントです。

周りに対する感謝と謙虚な気持ちを伝えることで、相手も「褒めてよかった」と思い、あなたの頑張りにより一層注目してくれるはずです。

「私なんて……」や「そんなことありません」など、自分で自分を否定する言葉は、あなたに対してマイナスイメージを抱かせる原因にもなり、相手も「せっかく褒めたのにな……」と、なんと返したらよいかわからなくなってしまいます。

笑顔で素直に受け止めることで、きっと相手からも笑顔が返ってくるのと同時に、褒めてよかったと思ってもらえるでしょう。

先ほどの例で考えてみましょう。

上司「最近、頑張っているね！」

部下**「ありがとうございます。○○課長からいただいたアドバイスを常に意識して、仕事を進めています」**

部下「**嬉しいお言葉、ありがとうございます。これからも精進してまいります**」

このように感謝の気持ちを合わせて褒め言葉を素直に受け取ることで、上司も「またあなたの力になってあげよう」という気持ちになります。

同じニュアンスで伝えるにしても、少し言い方を変えるだけで、まったく相手の受け取り方は違ってくるのです。

少しでもプラスのイメージにつながる言葉を選ぶことで、相手との会話もスムーズに進めることができます。

OKな
モノの言い方

①嬉しいお言葉、ありがとうございます

②お褒めにあずかり、光栄です

NGな
モノの言い方

❶私なんて……

❷そんなことありません

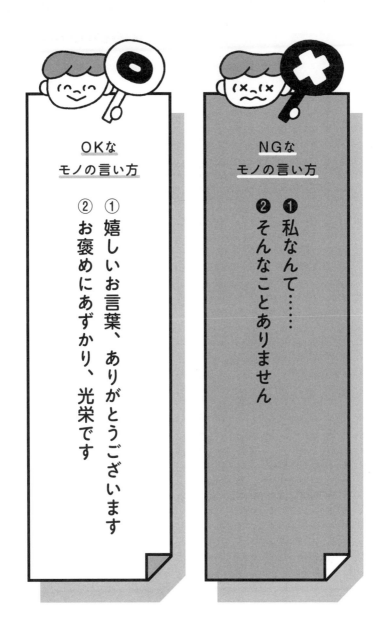

COLUMN 02

第2章では、上司や先輩に褒められたときにどのように返せばよいか、お伝えしましたね。

しかし、目上の人に褒められる機会は仕事面だけではないでしょう。

上司があなたとコミュニケーションを取ろうとして、服装や身につけているものを褒めてくれることもあるかもしれません。

ここでは、そのような他愛もない会話で褒められたときに、どのように返せば、話が広がっていくかをお話ししたいと思います。

たとえば、上司があなたのネクタイを、「そのネクタイ、よく似合ってるね」と褒めてくれたとしましょう。

そんなときは、素直に「ありがとうございます」と受け止めたあとに、**「自分で選ぶと同じような感じのものばかりになってしまうので、お店の人に選んでもらいました」**など、その物に関する話題をつけ加えると、話が発展しやすくなります。

「お店の人に選んでもらいました」というひと言で、「どこのお店なの？」「いつもお店の人に選んでもらっているの？」など相手も話を広げやすくなります。

仕事では上司とのコミュニケーションも必要不可欠です。

何気ない会話から話がどんどん膨らめば、自然と良い関係が築けるはずです。

第3章

相手を動かす
上手なモノの言い方

「〜してください」では相手に動いてもらえない

相手が気持ちよく
動いてくれる「お願い」の
仕方を身につけましょう！

お願いの仕方ひとつで、仕事はスムーズに進む

1章、2章では、会話には相手がいること、そして、その相手を思った言い方が好印象を生む大人のモノの言い方であるとお伝えしてきました。

ここからは、どうしたら相手に動いてもらうことができるのか、あなたのお願いをしぶしぶではなく、気持ちよく引き受けてもらうためにはどう言えばいいのか、その「言い方」を一緒に考えていきましょう。

会話に相手がいることと同様、仕事にも相手がいます。**仕事は一人ではできないからです。人の手を借りることも多くあります。**

とくに、新人のあなたにとって、上司や先輩にお願いをする機会は多いでしょう。

たとえば、「暇なときに資料に目を通しておいてほしい」「期限が明日までなので、今日の夕方までに確認してほしい」「どうしても一人では終わらない仕事を手伝ってほしい」など。

そんなときに、あなたはどのように「お願い」をしているでしょうか。

「お暇なときにこの資料を見ておいてください」
「期限が明日までなので、今日の夕方までに確認してください」
「どうしても終わらなさそうなので、手伝ってください」

こんなふうにお願いしたこともあるのではないでしょうか。
しかし、これでは、相手はあなたのために気持ちよく動いてはくれないのです。

ポイントは「相手に選択権を与える」こと

仕事をしていく上でのコミュニケーションは伝えるだけでなく、**こちらが「お願い」したことを受け入れてもらい、相手に動いてもらう、つまり「行動」してもらうように「働きかける」ことが大切**なのです。

「働きかける」という言葉を辞書で調べると

○相手に対して（要求のための）行動を起こす。（三省堂国語辞典）

○こちらから積極的に行動（提案）をしかけて、相手もそれに応じるように仕向ける。

（三省堂新明解国語辞典）

と、あります。

つまり、こちらのお願いを相手に伝え、動いてもらうためには、まずはこちらから、相手に対して積極的に行動をしかけていくことが必要ということです。

では、先ほどのお願いの例は、どのように言い換えて相手に働きかければよいでしょうか？

「お暇なときにこの資料を見ておいてください」

↓**「こちらの資料、お時間のある際にお目通しいただけますでしょうか」**

「この部分の進め方がわからないので、教えてください」

↓**「こちらの箇所の進め方がよくわからないので、教えていただけますか？」**

「どうしても終わらなさそうなので、手伝ってください」

→**「期日までに間に合いそうにありません。申し訳ありませんが、ご協力お願いできますでしょうか」**

このように、「～してください」を「～いただけますか？」と疑問形にすることで、相手に与える印象が命令からお願いに変わります。

また、「お暇なときに……」という言い方は、「暇」という言葉のイメージから、職場で使うのは失礼にあたるので、「お時間のある際に」と言い換えるとよいでしょう。

「～してください」はお願いするときの言葉として、相手を敬う敬語としては丁寧語ですから間違いではありませんが、一方的な印象を与えるため、相手は命令されているように感じる可能性があります。

お願いを受けるかどうか決めるのは相手です。

したがって、「～いただけますか？」のように、相手に選択権を与える言い方をすることで、相手を尊重し、命令ではなくお願いをしているということが伝わります。

NGな
モノの言い方

❶お暇なときに〜
❷〜してください
❸手伝ってください

OKな
モノの言い方

①お時間のある際に〜
②〜いただけますか？
③ご協力いただけますでしょうか

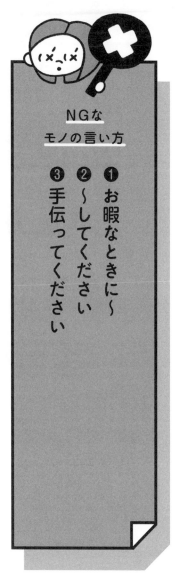

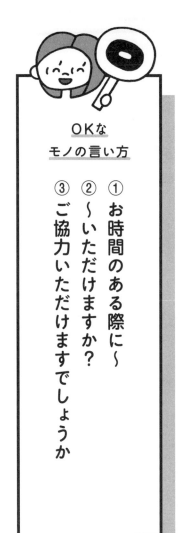

上司や先輩に声をかけても「後にして」と言われる…

相手の状況に
配慮した言葉を
第一声に持ってきましょう！

「時間をもらえる言い方」ができるかどうか

研修後の質疑応答で「上司や先輩に頼みたいのに、なかなか言い出せないのですが、そういうときはどうしたらいいですか?」と聞かれることがあります。

上司から指示された仕事、途中までは順調に進んでいたけれど、途中で自分では判断できそうもない問題にぶつかってしまった。

上司に教えてもらいたいけれど、いつも忙しそうでなかなか声がかけられない。

そんなときに、次のように声をかけたことはないでしょうか?

「お忙しいところすみません。ちょっとお聞きしたいのですが……」

「お忙しそうだったので、自分なりに考えてここまで進めたのですが……」

この2つの例に共通しているのは、自分では上司に対して配慮をしたつもりでも、結局は配慮になっていなかった、ということです。

配慮とは、相手に対する心配り、心遣いのこと。よい結果になるように、心を配ることです。

この2つの例は上司への配慮が足りない言い方をしてしまったために、望む結果を手に入れることができなかったという残念なパターンです。

つまり、**上司があなたのために時間を割こうと思うような「言い方」ができていなかった**ということです。

「3分ほどよろしいでしょうか?」が効果的

では、相手が気持ちよく動きたくなる言い方とはどのようなものでしょうか?

ここで必要なのは、**相手の状況を知った上で、相手が気持ちよく動きたくなるような「働きかけ」をすること**です。

それは、目的を明確にし、その目的を達成するために、相手の状況を正しく知り、自分の状況を相手に伝えることから始まります。

この場合の、相手が気持ちよく動きたくなるような「働きかけ」は、**まずは相手の状況に対する配慮の言葉を第一声に持ってくる**ことでしょう。

たとえば、忙しそうな上司に声をかける場合、「ちょっとお聞きしたいのですが……」と声をかけることもあるでしょう。

しかし、このような言い方では「今は忙しいから後にして」と言われてしまいます。

「今、どうしても聞きたい」という場合には、

「○○課長、今お時間よろしいでしょうか」

「○○さん、お忙しいところ申し訳ありません。△についてお聞きしたいことがあるのですが、3分ほどよろしいでしょうか」

「○○先輩、教えていただきたいことがあるのですが、今よろしいでしょうか」

などのように伝えることで、相手の都合もしっかり配慮した聞き方になります。

そうすることで、**「3分くらいなら大丈夫」「今は無理だけど、14時くらいからなら時間が取れる」など、相手の都合を優先した上で、こちらの希望も叶えられる返事をもらうことができます。**

繰り返しになりますが、仕事は多くの人の協力があって、完成するものです。

とくに、新人のうちは周りの人に助けてもらう場面も多くあるでしょう。

周りからの協力を得るためには、動いてもらいたい相手の置かれている状況を正確に把握することが必要です。

「今聞いたら、迷惑に違いない」と自分の思い込みで、聞くに聞けずそのままにしておいたり、勝手な判断で行動してしまうと、上司にとっても自分にとっても、そして何より仕事の成果という点からも、マイナスの結果になってしまいます。

一方で勇気を持ってお願いしたのに、「後にしてくれ」と言われてしまうと、「せっかく勇気を振り絞ってお願いしたのに……」と思うでしょう。

忙しい上司に声をかけることは、勇気がいることかもしれません。

しかし、言い方次第で、すんなりと教えてもらえたり、上司から日時の指定をしてもらえたりします。

声のかけ方ひとつで、あなたにとっても相手にとっても、仕事がより進めやすくなるはずです。

OKな
モノの言い方

①今、お時間よろしいでしょうか？
②3分ほどよろしいでしょうか？

NGな
モノの言い方

❶ちょっとよろしいでしょうか？
❷あの、すみません……

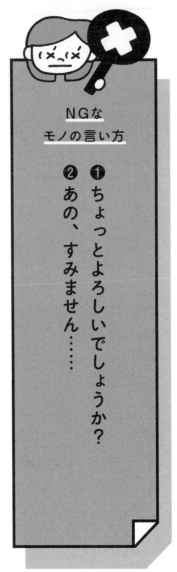

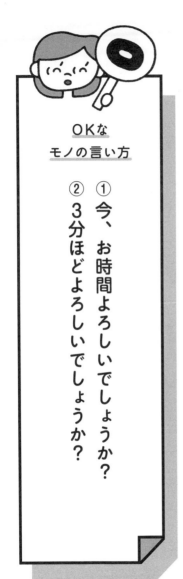

上司から聞き返されるのは「曖昧さ」が原因

「何がわからないのか」など、
自分の意見を伝えると
的確な意見がもらえます!

「わかりません」では何も教えてもらえない

部下　「○○部長、△についてわからないので教えてください」
部長　「△について何がわからないの？」
部下　「えっと……」

入社1年目のあなたにとって、このようにわからないことを上司や先輩に聞く機会は多いかもしれません。

せっかく勇気を出して自分から質問しても、このように返されてしまうと、「もう一度考えます……」と、わからないままにしてしまったり、次に声をかける勇気が出ないこともあるでしょう。

しかし、上司や先輩も決してあなたに意地悪をしたくてこのように言っているわけではなく、質問が漠然としすぎているために、何を教えればいいのか、何がわからないのか判断ができないのです。

このような場合には、「△についてわからないので教えてください」ではなく、**自分**

の現状や意見をしっかり伝え、聞きたいことや自分の考えをあらかじめまとめておき、相手が答えやすいよう簡潔に聞くことが大切です。

たとえば、先ほどの例で考えてみましょう。

部下　**「○○部長、△について私は××と考えたのですが、このまま進めてもよろしいでしょうか」**

部長　「そうだな。このまま進めてみて」

部下　「ありがとうございます」

ほかにも**「○○さん、この先の進め方について、A案とB案の2つで迷っています。ご意見を伺えますと助かります」**のように、自分の現状を伝え、さらに相手にどう動いてほしいかを明確にすることで、相手の負担も減り、動いてもらいやすくなります。

また、自分の現状を知ってもらうことで、それに付随するアドバイスなど、聞いたこと以上の貴重な情報を教えてもらえることもあるでしょう。

OKな
モノの言い方

① このまま進めてよろしいでしょうか

② ご意見を伺えますと助かります

NGな
モノの言い方

❶ この後の進め方がわかりません

❷ どう思いますか？

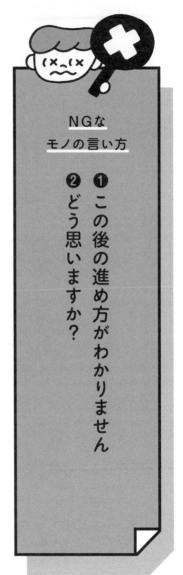

実は相手を不快にさせる「さすがです!」

誰にでも使える言葉より、
「ほかの誰でもないあなた」を
褒めることがポイントです。

目上の人を褒めるのにお世辞は必要ない

何かを教えてもらったときや仕事を手伝ってもらったとき、お礼を言うのと同時に、「さすがです！」「すごいですね！」などと、相手に伝えることもあるでしょう。

しかし、この「さすがです」や「すごいです」などの相手を立てる言葉。これらの言葉だけを使っていると、なぜだかわざとらしく聞こえませんか？

「先輩さすがですね！」
「部長はすごいですね！」

たしかに褒め言葉としておかしくはありません。
しかし、誰にでも通用する言葉でもあるため、あなたが相手のどこをすごいと思ったのかが、伝わりにくいのです。
仕事をスムーズに進めていく上で、社内外を問わず、相手を立てる場面は多くあるでしょう。

しかし、相手を立てるということは、歯の浮くようなお世辞を言うことではありません。お世辞を繰り返していては、下心が透けて見え、相手が不快な気持ちになってしまうこともあります。

相手を立てるときに大切なことは、相手を敬う気持ちを持つこと。そして、相手を認めることです。

ところが、残念なことに、相手を敬い、認める気持ちを持っていても、その心を相手に見せることはできません。心の中は相手には見えないからです。

大切なことは、見えない心を、耳から聞こえる言葉にして相手に伝えることです。表情や態度から伝えることもとても重要です。

では、相手を立てる言葉とはどういうものでしょうか。

「あなたの」「ここがすごい！」で特別感を出す

ポイントは、ほかの誰でもないあなた。「特別感」です。

「さすがです」「すごいです」に、プラスαのひと言を加えるだけで、「特別感」を出

すことができます。

ではここで、先輩に会議の資料のつくり方を教えてほしいときのお願いの仕方を例にあげて考えてみましょう。

A君「○○先輩、会議の資料のつくり方を教えてください」

B君**「○○先輩、どうしたらこんなにわかりやすい資料を作成できるのですか？私はいつもここでつまずいてしまいます。ぜひ、アドバイスをいただけますか」**

もしあなたが先輩の立場なら、A君とB君、どちらの言葉に心が動くでしょうか。

さらに、教えてもらったことに対するお礼の言葉は、どんなものがあるでしょう。

A君「○○先輩、ありがとうございました。よくわかりました」

B君**「○○先輩、ありがとうございました。いつもつまずく原因がよくわかりました。これからは納得のいく資料がつくれそうです。ありがとうございました！」**

先輩との関係性によって、使う言葉も変わってきますが、B君のような表現ができると、先輩も嬉しい気持ちになり、教えてよかったと思ってもらえるでしょう。

もしあなたが、先輩の立場なら、どちらの後輩の言葉が、心に届くでしょうか。

相手を立てる言葉は、相手との会話やつながりの中で、たくさん見つけることができます。

相手とのつながりの中で見つけた、相手がプラスの気持ちになる言葉こそが「特別感」を生み、自然と相手を立てることにつながっていきます。

少し言い方を変えるだけで、あなたを応援してくれる人が増えていくことでしょう。

NGな
モノの言い方

❶さすがです！
❷すごいですね！

OKな
モノの言い方

①先輩のプレゼン素晴らしかったです
②先輩のプレゼンには感動しました

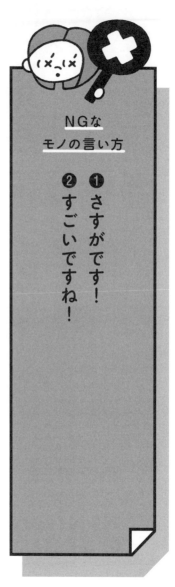

「実は～」と言うと相手に誤解なく伝えられる

「実は」と切り出すことで、
相手に不快感を与えずに
反対意見を伝えられます。

自分の意見が言えない、聞いてもらえない…

仕事に慣れてくると、上司や先輩に自分の意見を伝える機会も増えていくでしょう。自分の意見や考えの中には、反対意見や要望、アイデアの提案、相手を説得するなど、さまざまな目的があります。

あなたは、上司や先輩に自分の意見を伝えるとき、どんなことを意識していますか？上司から言われた内容が自分の思っていたことと違ったとき、つい「でも～」「しかし～」など、逆説の言葉を使ってしまってはいないでしょうか？

言い方を間違えると、相手を不快にさせてしまい、余計なことで怒られてしまうこともあります。

また、自分の意見を言って怒られるのが嫌で、言わないといけないけど言い出せなかった、という経験もあるかもしれません。

私はこれまで数多くの研修を行ってきましたが、多くの若手ビジネスパーソンが上司や先輩に自分の意見を伝えられずにいる、という姿をたくさん見てきました。

たしかに、目上の人に自分の考えや反対意見を言うことは勇気がいることだと思います。

それでも、ビジネスの場ではときとして、年齢関係なく、対等な立場で話さなければならないときがあります。そんなとき、あなたの意見を我慢して飲み込む必要はありません。

あなたの考えや反対意見も言い方次第で、相手にすんなり受け入れてもらうことができるのです。

最初から否定すると、話は一向に進まない

人に何かを伝えるときに大切なことは、「相手が不快になるような言い方をしない」ということです。

これは、仕事でもプライベートでも良好な人間関係を築いていく上で、最も大切なことです。

とくに反対意見を伝えるときは、「不快感を与えない」ことがポイントです。

言葉遣いや伝え方に配慮した上で、自分の意見を聞いてもらう必要があるからです。

相手に不快感を与えず、反対意見を言うポイントは、まず相手の意見を受け入れた上で、自分の考えを述べ、最後は相手の意見を促す言葉で締めくくることです。

相手の主張の問題点を見つけたからといって、いきなり頭ごなしに否定してしまっては、話は進みません。

また、**話の中に出てくるマイナスの表現は、できるだけプラスの言葉に言い換える**ことも大切です。

これは、相手からの申し出を断らなければならない場面でも同じです。

それでは、反論するときに使えるフレーズ、切り出し方をいくつか見ていきましょう。

まずは相手の意見を受け入れます。

「そうですね。そういう考え方もありますね」

「そうですね。たしかにその方法はいい案だと思います」など。

その後に、自分の意見を言うのですが、意見を言う前の接続詞に注意が必要です。

「でも」「だって」「しかし」などを使ってしまうと、いくらはじめに受け入れる言葉を使っていたとしても、結局は相手を否定する言葉が続くので、相手はいい気分にはなりませんね。

そんなときは、**「実は」**や**「一方で」**という言葉をもってくるといいでしょう。

「そうですね。そういう考え方もありますね。実は、私は○○のように考えているのですが、いかがでしょうか」

「そうですね。たしかにその方法はいい案だと思います。一方で、こちらのこの案も先方からの条件に合っていると思うのですが、いかがでしょうか」

このような言い方であれば、お互い話し合って意見を出し合うことができ、スムーズに問題解決につながっていきます。

言い方次第で、反対意見も受け入れられる

このほかにも、相手に再度説明を求めるときに、「今の説明、よくわからなかったのでもう一度お願いします」や「おっしゃってること、ちょっと違うと思うんですけど」などと言ってしまうと、相手をムッとさせてしまいます。

このような場合は**「私の理解不足で申し訳ありません。もう一度、ご説明いただけますか」「申し訳ありません。2、3質問させていただいてもよろしいでしょうか」**というような表現が使えます。

相手に不快感を与えず、自分の意見、とくに反対意見を伝えることは、難しいことでしょう。

話し方や言い方に絶対的な正解はありません。

それは、人によって価値観や捉え方が違うからです。

しかし、あなたが少し言い方を変えるだけで、相手の捉え方や感じ方は変わってくるのです。

もしあなたが先輩の立場になったら、アドバイスをしても、いつもいつも反論してくる後輩に、またアドバイスをしたいと思うでしょうか？

もちろん、反対意見も自分の意見として相手にはきちんと伝えるべきです。

ただ、それを受け止めてもらえるか、もらえないかは、あなたの言い方次第なのです。

仕事をスムーズに進めるためには、相手の立場に立って考え、言葉にすることが大切です。

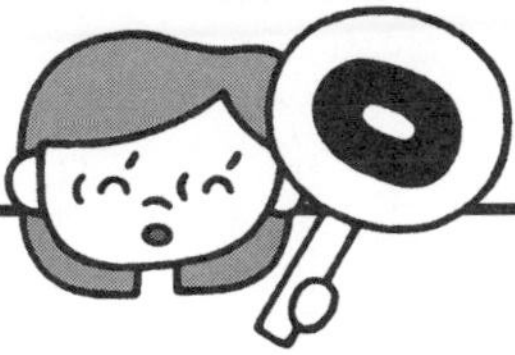

OKな
モノの言い方

① 実は～
② 一方で～

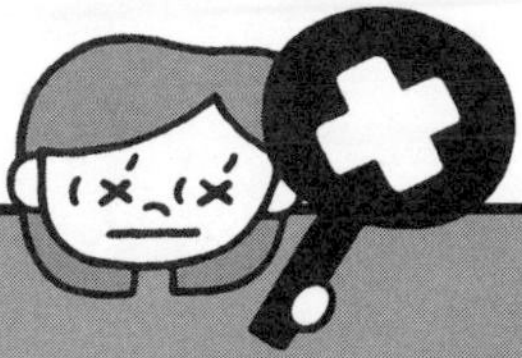

NGな
モノの言い方

❶ でも～
❷ しかし～

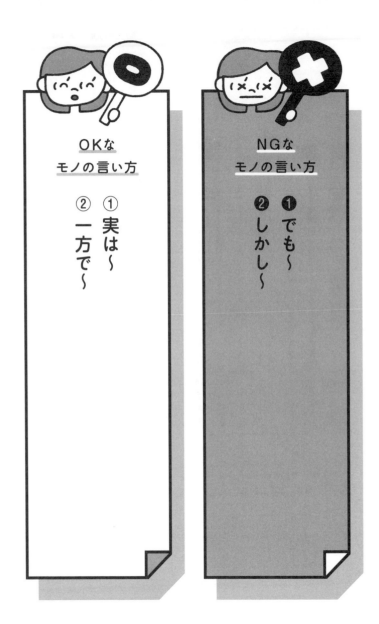

COLUMN 03

私がある企業の人事部にいた頃、各部署に書類の提出を頼むことが多々ありました。

提出期限の2週間前にみなさんにお知らせをしていましたが、もちろん遅れて提出する方は多くいらっしゃいました。

「2週間前にお知らせしているのに、どうしてすぐに出してくれないのだろう」と思うこともありましたが、遅れて出す方の中でも、気持ちよく期限を延ばそうと思える人と、「早く出してよ!」と思ってしまう方がいることがわかりました。

その違いこそが、「お願いの言い方」だったのです。

Aさんからは「資料あと1日待ってくれない?」と言われましたが、Bさんからは、「すっかり忘れてしまっていて、申し訳ない。今取りかかっているのだけど、もう少し時間がかかりそうだから、明日まで待ってもらえないかな?」と言われました。

もし、あなたがお願いされる側だとしたら、理由をきちんと話してくれて、謝罪の気持ちが伝わってくるBさんのお願いのほうが、すんなり受け入れられるのではないでしょうか。

自分に非がある言い出しにくいお願いこそ、相手がどう感じるかを考えながら言葉を選ぶようにしたいですね。

第4章

素直な気持ちが伝わる丁寧なモノの言い方

「ありがとう」に＋αのひと言が評価アップのカギ

感謝の気持ちは
「すぐに」「目を見て」
伝えましょう！

どんな些細なことでも、お礼の言葉は欠かせない

仕事を手伝ってもらった、食事をごちそうになった、咳をしていたらのど飴をくれた、貴重なアドバイスをもらった、大きな仕事を任せてもらえた……。

仕事でもプライベートでも、お礼を言う場面はたくさんあります。

「ありがとう」と言うとき、それは誰かがあなたのために何かをしてくれたとき。あなたのことを想って、あなたの喜ぶ顔を思い浮かべながら何かをしてくれるって、とても嬉しいことですね。

しかし、感謝の気持ちは、いくら心で思っていても、適切に、相手にわかるように伝えなければ伝わりません。

とくに入社1年目などの若手ビジネスパーソンであれば、お礼をきちんと伝えることは必須です。

感じ良く、心からお礼を伝えることで周囲の人たちから受け入れてもらえ、評価もアップします。

感謝の気持ちを表す言葉「ありがとう」をどのように伝えると、相手の心に届くのか、今までの嬉しかった体験を思い浮かべながら一緒に考えていきましょう。

相手にしっかりと感謝を伝えるポイントは、「タイミング」と「伝え方」です。

お礼を言うときに大切なことは、タイミングを逃さず「すぐに伝える」ということ。人に何かをしてもらったら、すぐに「ありがとうございます」を伝えましょう。言葉に敏感になってくると、感謝の言葉にもさまざまな表現があるため、それぞれの場面にあった言葉を伝えなければならない、そう考えるかもしれません。

それはもちろん大切で、大事なことですが、言葉を選んでいるうちにタイミングを逃してしまっては本末転倒です。

第一声は「ありがとうございます」これが言えたら十分です。

その後、**「とても助かりました」「大変勉強になりました」**など、**具体的な言葉をつけ加えるとさらに感謝の気持ちが伝わります。**

ついお礼を言うときに「どうも」や「すみません」と言ってしまいがちですが、お礼の際には、しっかりと相手の目を見て、相手に聞こえる声で「ありがとうございます」と声に出して伝えることが大切です。

お礼は「2重に伝える」のがベスト

また、仕事の説明を受けていて、最後に「何か質問はある？」と聞かれたり、「わからないことがあったらいつでも聞いてね」と言われることもよくあると思います。

これに対して何もなければ「はい、ありません」という返答をすることは、質問に対する答えとしては間違いではないでしょう。

ただ、ここでも第一声は、相手の気遣いに対する感謝の気持ち「ありがとうございます」から始めることをおすすめします。

「はい、ありがとうございます。今のご説明でよくわかりました」

「はい、ありがとうございます。わからないことが出てきたら伺いますので、よろしくお願いします」とつけ足すとよいでしょう。

相手がしてくれた内容によっては、**感謝の気持ちをすぐに伝える＋次に会ったときにもう一度伝える**ことがより効果を発揮する場合もあります。

たとえば、上司に食事をごちそうになったとき、すぐに「ごちそうさまでした。とても美味しくいただきました」と言うと思います。

さらに、**翌朝に再度「昨日はありがとうございました。貴重なお話を伺うことができ、大変勉強になりました」と伝える**と、「きちんとお礼を言える新人だな、また次も誘おう」と上司の評価は自然と上がるでしょう。

ほかにも、相談をしたときやアドバイスを受けたときは、お礼だけでなく、その後結果の報告をするようにすることも評価をあげるポイントです。

相談を受けた相手は、自分のアドバイスが役に立ったかどうかは気になるもの。**すぐのお礼と結果の報告「先日はアドバイスをいただきありがとうございました。その後……」をセットで伝える**ことを忘れないようにしましょう。

日々の小さな意識と実践の積み重ねが、あなたの人柄をつくっていきます。

NGな
モノの言い方

❶ご馳走になってしまい、すみません
❷大丈夫です、質問はありません

OKな
モノの言い方

① ご馳走になり、ありがとうございます
② 大変わかりやすいご説明でした。ありがとうございます

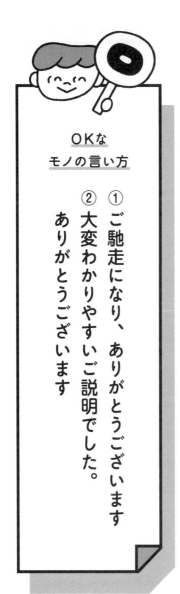

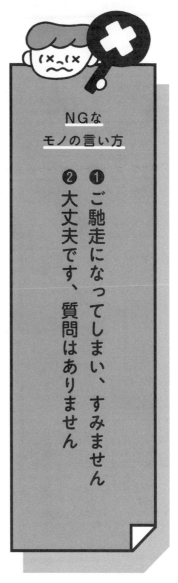

気持ちが裏目に出てしまう「お上手ですね」

相手を評価しているような
表現は避けて、
具体的に褒めましょう。

上司への褒め言葉は具体的に

入社1年目のあなたにとって、上司を褒めるというのはハードルが高く感じるのではないでしょうか。

上司のプレゼンを聞いて「上手だな」と思っても、「プレゼンお上手ですね！」とは言いにくいと感じることもあるかと思います。

こちらは褒めているつもりでも、選ぶ言葉によって、気を悪くされてしまうことがあるからです。

相手に喜んでもらえる褒め方、言葉の選び方を身につけて、目上の人に対しても「褒め上手」となり、周りからの評価をどんどん上げていきましょう。

上司など、目上の人を褒めるときに気をつけることは「感心しました」「上手ですね」「参考になりました」など、相手を「評価」しているように受け取られる表現や、上から目線に聞こえる表現は使わないようにすることです。

たとえば、「感心しました」と伝えたいときには、**「感服いたします」「敬服いたします」**と言い換えることができます。

「感服いたします」より、さらに敬意を感じさせるのが「敬服いたします」という表現です。

「敬服」と聞くと、ちょっと堅苦しい印象を受けてしまうかもしれませんね。

しかし、「敬服」には相手を敬う気持ちが強く表れており、使われた側はとても嬉しい気持ちになるのです。

人から敬ってもらうということは、特別なことですよね。

「敬服」という言葉は、今までの生活の中でほとんど使うことがなかったでしょう。しかし、あなたはもう社会人です。「敬服」という言葉を知っていると、ここぞというときに役に立つはずです。

×「部長の仕事熱心な姿勢には感心いたします」

○**「部長の仕事熱心な姿勢には敬服いたします」**

また、目上の人を褒めたいと思ったときに、「お上手ですね」という言葉が思いつくかもしれませんが、「お上手ですね」も相手を評価しているように聞こえてしまう言い方です。

何を上手と思ったのか、上手という言葉を使わず、あなたが感じたことを具体的に、プラスの言葉で表現するようにしましょう。

×「課長は英語がお上手ですね」

〇「課長の英語力は素晴らしいですね。感動しました」

さらに、何かを教えてもらったり、アドバイスをもらったときに使われる「参考になりました」という言葉にも注意が必要です。

「参考になりました」はもらったアドバイスなどに対して、「あなたの話は参考程度」という、上から目線な言葉に捉えられてしまうこともあります。

ですから、「参考になりました」は**「勉強になりました」**と言い換えましょう。

「勉強になりました」は、「あなたのアドバイスのおかげで経験を積むことができました、知識が増えました」というニュアンスになるため、相手に良い印象を与えます。

×「先輩のアドバイス、参考になりました」

○**「先輩のアドバイス、勉強になりました」**

相手に対して、「参考になりました」と使うのはNGですが、自分に対して、「ご参考までに、資料を添付いたしました」のように使うのはOKです。

また、78ページでもお伝えした「さすが」「すごい」も、使い方によっては注意が必要です。

これらの言葉は言われて嬉しい言葉ではありますが、毎回この言葉だけでは、適当な単なるお世辞に聞こえてしまう可能性があるからです。

せっかく褒めるのであれば、**具体的に褒める**こと。

「あなた」の「ここ」が「素晴らしい」という、今目の前にいる相手に当てはまる言葉をプラスして伝えましょう。

NGな
モノの言い方

❶ 感心しました
❷ お上手ですね
❸ 参考になりました

OKな
モノの言い方

① 敬服いたしました
② 素晴らしいです＋αのひと言
③ 勉強になりました

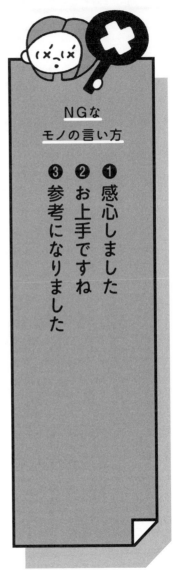

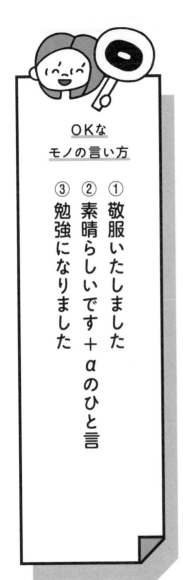

謝っているのに「言い訳するな!」と怒られる…

ミスの経緯や理由を
伝えるときには、
話す順番に気をつけよう!

ミスをしたあとの言い方で、怒られ方も変わる

どんなに気をつけていても、仕事をしていれば誰にだって失敗はあります。
とくに新人のうちはミスをしてしまうことも多いでしょう。
ミスをして相手や周りに迷惑をかけてしまったとき、まず大切なことは迷惑をかけてしまった相手に謝罪すること。心から謝ることです。

「謝罪」という言葉を辞書で調べると「犯した罪や過ちをあやまること」とあり、「あやまる（謝る）」を調べると「自分が悪かったということを表明し、相手に許しを求める」とあります（三省堂　新明解国語辞典）。

つまり

①自分の非を認める
②その上で、相手に許しを求める

この2つが大切なポイントと言えます。

先ほどお伝えしたように、仕事の現場では大なり小なりミスは起こるものです。

ただ、起こしてしまったミスを許してもらえるか、許してもらえないか、ミスをしたことを長々と怒られてしまうか、それは、ミスをしたあとの言い方によって変わってきます。

話す順番を間違えると、言い訳に聞こえてしまうことも

さて、「謝る」と言っても、さまざまな謝り方があります。あなたもこれまでの人生で両親や友人、先生、お客様など、多くの人に謝った経験があるでしょう。

仕事で上司やお客様に迷惑をかけてしまったとき、今までとは違う、どのような謝り方をすれば、あなたの「申し訳ないという気持ち」が伝わり、相手に受け入れてもらえるのか、これから一緒に考えていきましょう。

あるコミュニケーション研修で、「ミスをして謝ったとき、ミスをしてしまった理由を説明したら、言い訳ととられてしまい怒られてしまった」と、参加者のAさんが

話してくれました。

Aさんの謝罪はなぜ「言い訳」と、相手には聞こえてしまったのでしょうか。

それは**ミスをした経緯や理由を話す順番が違っていたことが原因**なのです。

ここで、Aさんの謝罪を見てみましょう。

Aさん「申し訳ありません。こちらはいつも通りに配送したのですが、配送業社が間違えた便に乗せてしまったようです」

Aさんは、「ミスをしたのはこんな理由があったからだ」ということを、早く相手にわかってほしいという焦りから気持ちが先走ってしまい、謝罪の言葉を簡単に済ませて、すぐに「説明」に入ってしまったのです。

それが相手には「言い訳」に聞こえてしまい、謝っているとは思ってもらえなかったのでしょう。

この場合Aさんは
「ご迷惑をおかけし、誠に申し訳ありません。こちらの不手際で、商品のお届けが遅れてしまいました。ご心配をおかけして、本当に申し訳ございませんでした」

と、**はじめに自分の非を認める言葉で、相手に本当に申し訳ないという気持ちを伝**

えるべきだったのです。

相手に許しを求めるのは、本当に申し訳ないという、こちらの気持ちが伝わったあと、ということを、ぜひ覚えておいてくださいね。

謝罪→経緯→今後の対策で信頼回復できる

謝罪をする際に、焦ってしまい「とにかく謝ろう」と思ってしまうかもしれません。しかし、「とにかく謝っておこう」という謝罪は逆効果です。

「本当にすみません」という謝罪の言葉は、ビジネスの場では軽く感じるため、ふさわしくありません。

また、**「お詫びしたいと思います」「ご迷惑をおかけしたようで」**などは、まるで人ごとのように聞こえるため、かえって相手を怒らせてしまう可能性もあります。

この場合、**「誠に申し訳ございません」「心よりお詫び申し上げます」「ご迷惑をおかけし……」**と伝えると、あなたの誠意が伝わりやすくなります。

また、ビジネスシーンでは謝罪の3つのポイントがあります。

①はじめに自分の非を認め謝罪する

まずは、何に対しての謝罪なのかを明確にします。

×「本当に本当にすみません。申し訳ないです」

○**「この度は、ご迷惑をおかけし、誠に申し訳ございません」**

②相手にしっかりと謝罪の言葉を伝えて、その後に経緯の説明をする

相手が話している間は口を挟まず、最後までしっかりと聴きます。自分が話すときは、責任逃れや弁解に聞こえないように、言葉を選びましょう。

×「私の確認不足で、ご迷惑をおかけしたようで、すみません」

○**「私の確認不足により、ご迷惑をおかけいたしました」**

③最後に今後の対策を伝えて締めくくる

最後に具体的に今後どのように対策をしていくのかを伝えると、相手に納得してもらいやすくなります。

×「今後は気をつけます」

○「今後は、もっと時間に余裕を持って行動いたします」

謝罪の際には、謝るより先に自分の言いたいことがそのまま言葉になって出てしまうことがあります。

それが、本人は謝っているつもりなのに、相手には単なる言い訳、謝っているように聞こえない、という悲しい結果につながってしまいます。

謝罪を受け、許すかどうかを決めるのは相手です。

自分が言いたいことをそのまま口にするのではなく、相手が聞きたいこと、知りたいことを、相手が聞きたい順番で話し、相手の気持ちを考えて言葉を選ぶこと。

そして最終的には、相手との関係、信頼を回復していくことが重要です。

謝って終わりではなく、次につながるような謝り方を身につけることが大切です。

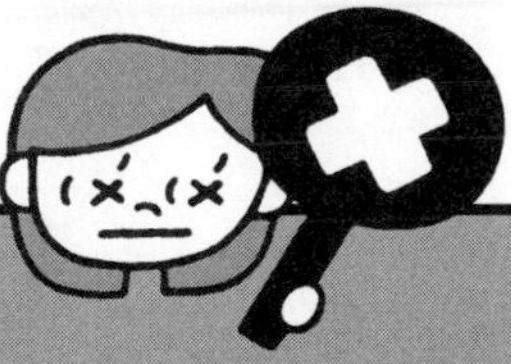

NGな

モノの言い方

❶本当にすみません

❷お詫びしたいと思います

❸ご迷惑をおかけしたようで……

OKな

モノの言い方

①誠に申し訳ございません

②心より、お詫び申し上げます

③ご迷惑をおかけし……

「でも」「だって」「どうせ」は注意に対するNGワード

「前向きに受け取った」と
相手に思ってもらえる
言い方を身につけましょう。

注意やアドバイスに落ち込む必要はない

日々仕事をしていく中で、上司や先輩から注意、アドバイスを受けることもあるでしょう。

その際、注意やアドバイスの言い方がきつく聞こえ、萎縮してしまったり、「何でここまで言われないといけないいんだ！」と思うこともあるかもしれません。

注意を受けるのは自分に非があるから、そうわかっていても、実際に叱られると落ち込みますね。

私も新人のときは、怒られるとすぐに落ち込んで、「向いていないかも……」と思うことがよくありました。

しかし、上司や先輩がどんな思いであなたに注意をしてくれているのかを考えてみることで、捉え方が変わってくるのです。

上司や先輩があなたに注意やアドバイスをするのは、あなたを責めたり、非難をするためではない、ということを忘れないでほしいのです。

注意やアドバイスは、褒めるのとは違い、なかなか相手に言いにくいものです。

なぜなら、注意やアドバイスをすることで、あなたに嫌われたり、仕事がやりにくくなる可能性もあるからです。


では、なぜそんなリスクを負ってまで言ってくれるのでしょうか。

それは、**あなたをこれから一緒に仕事を進めていく仲間と認め、もっと成長してほしいという思いがあるから**です。

叱られたといって落ち込むのではなく、言われた言葉を前向きに受け取り、素直に実践していくことが、上司や先輩の気持ちに応えることであり、あなた自身を成長させていくきっかけとなるでしょう。

相手がイラっとする禁句の「3Dことば」

では、注意やアドバイスを受けたとき、どのように反応すればよいのでしょうか。

注意やアドバイスを受ける際のポイントは4つあります。

①前向きに受け止める
②言い訳、弁解をしない
③アドバイスを実行する
④結果を報告する

これから具体的に、注意やアドバイスをして良かったと上司や先輩に思ってもらえる、アドバイスの受け方を見ていきましょう。

①前向きに受け止める

いただいたアドバイスをありがたく、前向きに受け取ったことを知ってもらうには、まずは感謝の気持ちを伝えることです。


「貴重なアドバイスをありがとうございます」

「ご指導くださり、ありがとうございます」

「お時間をとってくださりありがとうございます。大変勉強になりました」

このように伝えることで、相手は「きちんと受け止めてくれたな」と感じます。
反論したくなることもあるかと思いますが、まずは一度受け止めることが大切です。

②言い訳、弁解をしない

言い訳、弁解に聞こえることはなるべく言わないようにします。
とくに、成長を止めると言われている**「3Dことば」**と呼ばれる「D」から始まる言葉は使わない、という意識を持ちましょう。

【3Dことば】
①でも　→　**でも、前はこの方法でうまくいきました**
②だって　→　**だって、誰も教えてくれないから……**
③どうせ　→　**どうせ、私にはできません**

③アドバイスを実行する

いただいたアドバイスは、実行してこそ生かされます。

聞いてそのまま放置だと、「人の話を聞いていたのか？」と相手があなたに対して不信感を持ってしまいます。

④結果を報告する

上司や先輩は、自分のアドバイスを実行したのか、実行したのであれば結果はどうなったのか、改善できたのかは気になるものです。

「先日は貴重なアドバイスをありがとうございました。おかげさまで先方が考え直してくださいました。これからさらに交渉を進めてまいります。引き続き、ご指導よろしくお願いいたします」

「先日ご指摘いただいた箇所を修正し、本日提出いたしました。ご指導くださり、ありがとうございました」

このように伝えることで、上司はあなたに対して「アドバイスも前向きに捉えてくれる」と判断し、次回困ったときも必ず力になってくれることでしょう。

私は新入社員研修の際、必ずお伝えしていることがあります。

それは、「何があっても決してふてくされた態度をとらない」ということです。

ふてくされた態度は、人を不快にさせてしまうものです。幼稚にも見えます。

そんな人と話をしたい、ましてや大切な仕事を任せたいと思う人は少ないでしょう。

上司や先輩に好かれ、仕事をスムーズに進めることは、そんなに難しいことではありません。

耳の痛い話であっても、ふてくされることなく素直に聞く耳を持つ。いただいたアドバイスは素直に実践する。

そんな日々の小さな積み重ねを、周りの人は評価しているのです。

NGなモノの言い方

❶でも前はこの方法でできました

❷だって、誰も教えてくれないので……

❸どうせ私にはできません

OKなモノの言い方

①このような方法もあるのですね

②やり方を教えていただけますか？

③不安ですが、やってみます

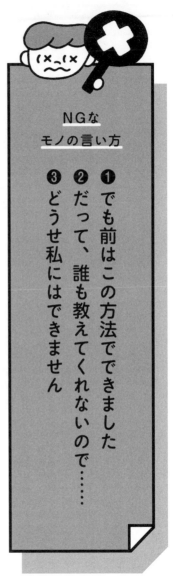

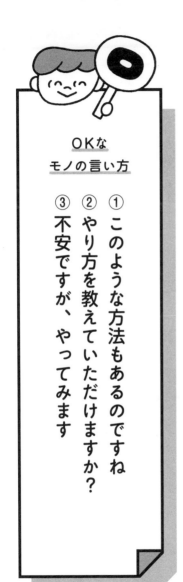

COLUMN 04

あなたの周りにも、会話をしていて、途中で嫌な気分になる人はいませんか？

ある研修で「会話をしていて嫌な気分になるとき、相手はどんな話し方をしていますか？」というアンケートをとったところ、共通点として、

①自慢話が多い
②何度も同じ話をする
③こちらの話を遮って自分の話をする
④すぐに自分の話ばかりする

などがあがりました。

とくに、お酒の席では、つい気が緩み余計なことまで口走ってしまうこともあるようです。

しかし、このような人からは、だんだん人が離れていってしまいます。

人と会話をするときは、どんなに楽しい気分になっても自分ばかり話さない、人の話を聴くということを意識してほしいのです。

人の話を聴くということは、相手に関心を向けるということ。

人は誰でも自分に関心を持ってもらえると嬉しいものです。会話はそこから発展していきます。

「少し自分は話しすぎているかな」と感じたら、質問形式で話しかけ、相手にどんどん話してもらいましょう。

第5章

言いにくいことを上手に伝えるモノの言い方

いきなり断るのはNG。「次回はぜひ!」というニュアンスで

誘ってくれたことへのお礼を忘れず、次回につながるひと言を。

断ることは悪いことではないけれど…

「これ明日までにお願いできる？」

「今日これからちょっと飲みに行くか」

このように、上司や先輩に何かをお願いされたり、突然飲み会や食事に誘われたりしたときに、どうしても断らないといけない場合もあるでしょう。

しかし、断るときに、どのように言えば相手を不快にさせないか、悩んだことも多いのではないでしょうか。

友人には「あ、ごめん、ちょっと無理っぽい」や「ごめん、今日は用事があって」など、簡単な言葉で断っても問題なく過ごせるでしょう。

しかし、**上司や先輩に「それは無理です」「お断りします」というような、あまりにもストレートすぎる言い方は相手の気分を害し、今後の関係に悪影響を与える可能性があります。**

また、相手を不快にさせないことに意識を向けすぎて、曖昧な言い方をしたり、できないことを無理して引き受けたりすると、誤解を招く原因になったり、かえって相手に迷惑をかけてしまうことになりかねません。

仕事をしていると、はっきり断らなければならないシーンは必ず出てきます。お互いに事情がありますので、断るのは決して悪いことではありません。

大切なのは「相手が不快にならないように断る」ということです。

クッション言葉のあり・なしで、反応は大きく異なる

相手からの申し出を断るときのポイントは3つあります。

1つ目は**感謝やお詫びの言葉を伝える（クッション言葉を使う）**こと。2つ目は**理由と断りの言葉を伝える**こと。そして最後に、**代替案を提示し、次につながる言葉で締めくくる**ことです。

では、この3つのポイントを使った断り方を「上司からの飲み会の誘いを断る」場面を例にしてみていきましょう。

上司　「今日これから飲みに行こう」

あなた　**「○○さん、お誘いくださってありがとうございます」**

あなた　**「あいにく、今日は出張でこちらに来ている友人と会う約束をしています。せっかくお誘いくださったのに、今回は申し訳ありません」**

上司　「そうか。それなら仕方がないな。また今度誘うよ」

あなた　**「ぜひまた、お声がけいただけますか。よろしくお願いします」**

まずは、いきなり断るのではなく、誘ってくれたことに対して感謝の気持ちを伝えましょう。そして、理由を伝えて断る。そして最後に次につながる言葉で締めます。

たとえ断るとしても、誘わなければよかったと、相手に後悔させるような言い方ではなく、また声をかけてもらえるような断り方をすることがポイントです。

結局、断ることに変わりはありませんが、**相手を想う気遣いの言葉があるかないかで、印象は大きく変わります。**

このほかにも、仕事を断る、お願いを断る、残業を断るなど、断らなければいけない場面は数多くあるでしょう。

たとえば、上司に追加で仕事を頼まれたときには、**「大変申し訳ありませんが、今、本日締め切りの会議の資料を作成しており、時間的な余裕がありません」**と、理由を伝えたあとに、**「明日中でしたら対応できますが、いかがでしょうか」**と代替案を提案してみましょう。

どのような場合も、最も大切なことは、いきなり断らないということです。

声をかけてくれたことに対する感謝の気持ち、相手の期待や要望に添えず申し訳なく残念に思う気持ちなど、相手の立場に立つからこそ出てくる言葉「クッション言葉」を伝えてから、断る理由を述べるようにします。

そして、断って終わりではなく、代替案を提示し、最後は次につながる言葉で締めくくります。

「今日は無理です」「行けません」「できません」など、否定語で終わらせず、「〜ならできます」と、肯定的な表現で締めくくると、相手からの印象は良くなります。

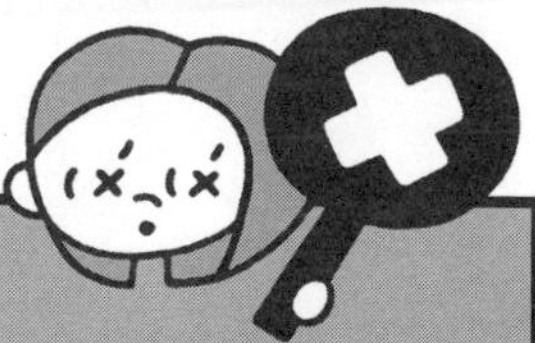

NGな

モノの言い方

❶今日は無理です

❷すみません。明日以降なら行けます

OKな

モノの言い方

①今日は難しいのですが～

②申し訳ありません。明日以降であれば、お供させていただきます

まずは「相手の立場」を考えられるかどうか

頼みにくいお願いこそ、
相手を気遣う言葉を使い、
いきなり本題はNGです。

仕事には「頼みにくいお願い」がつきもの

前項では、相手からのお願いやお誘いを断るときの言い方についてお伝えしました。今回は反対に、相手に言いにくいお願いをしなければならないときに、気持ちよく受けてもらえる言い方とはどのようなものかを一緒に考えていきましょう。

第3章では、相手に気持ちよく動いてもらうためには「働きかけ」が大切とお伝えしました。

社会人になると、同僚に歓送迎会の幹事をお願いしたり、お客様に納期の延長をお願いしたりなど、言いにくいお願いをしなければならない場面が多く出てきます。

研修後の質疑応答で、「お願いをしたいけれど、なかなか言い出せず、『頼みたいのに頼めない』ことが多いので、解決策を教えてほしい」とよく聞かれます。

「言いにくいお願い」はとても勇気がいり、なかなか言い出しにくいですよね。

では、言いにくいお願いでも相手に気持ちよく応じてもらえる言い方を一緒に考えていきましょう。

クッション言葉で始め、最後は質問型で締める

言いにくいお願いをするときは、**まずは「お願いされる側」の気持ちになって考えてみましょう。**

人に何かをお願いされるときに、いきなり本題から入られて、「今日中にこの資料まとめてくれない？」とお願いされたら、どのような気持ちになるでしょうか。きっと少し不快に思うはずです。

相手に気持ちよく引き受けてもらうためには、人にお願いするときに、断るときと同様、いきなり本題には入らないことがポイントです。

たとえば、上司に資料の確認をお願いする場合で考えてみましょう。

Aさん「今日中にご確認お願いします」

Bさん「お忙しいところ申し訳ありません。こちら、明日の午前中までにお客様に

お渡ししなければならなくなりまして……。急なお話で申し訳ないのですが、本日中にご確認をお願いできますでしょうか」

この2人はお願いしている内容は同じですが、言い方の違いだけで相手に与える印象は大きく変わります。

Aさんのお願いの仕方がよくないということは、もうおわかりかと思いますが、Bさんのお願いの仕方で注目すべきポイントは、3つあります。

まず、**「お忙しいところ申し訳ありません」という、上司のことを気遣う気持ちが入っていること。**誰でも気遣ってもらえたら、嬉しく感じるものです。このひと言があるのとないのでは、印象は大きく異なるでしょう。

次に**「明日の午前中までに〜」**と添えることで、今日中にという、急な依頼であっても、その理由が明確なため、納得して取りかかってもらえる確率が高くなります。

そして、**「ご確認をお願いできますでしょうか」と質問形式**で聞いている点です。相手に意向を伺うという謙虚な姿勢が感じられるので、押しつけ感もなくなります。

Aさんの「ご確認お願いします」も丁寧語ですが、選択の余地がお願いされている側になく、命令されているように感じる人もいるでしょう。

人にお願いをするときは、はじめに「お手数をかけて申し訳ない」「勝手だとわかっているけど、それでもなんとかお願いしたい」という、**相手に対する気持ちをまず言葉にして伝えることが大切**です。

クッション言葉から始まり、最後は質問形で締めくくると覚えておきましょう。

最後にお願いを聞いてもらったときは、しっかりと感謝の気持ちを伝えることが大切です。

「ありがとうございます。よろしくお願いいたします」

仮に断られたとしても、最後まで誠実な態度で接するあなたを、人はしっかり見ています。次に何かあったときは力になりたいと、思ってもらえるような言い方ができるようになると、いざというときに助けてくれる人はどんどん増えていくでしょう。

NGな
モノの言い方

❶ これ、確認してください

OKな
モノの言い方

① お忙しいところ恐縮ですが、こちら、ご確認いただけますでしょうか

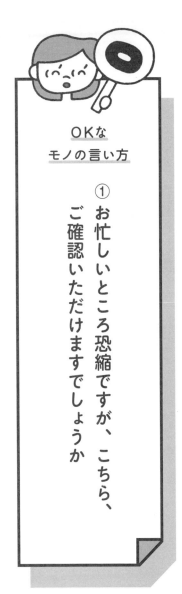

悪口や噂話に巻き込まれない言い方のコツ

相手の話を受け止め、
中立的なスタンスの発言で
かわしましょう。

職場でも起こる「言った・言わない」問題

「人の悪口は言わない、人の嫌がることはしない」

幼い頃から両親や学校の先生にこのように教えられ、大人になった今でも心に留めている方も多いでしょう。

しかし、人と人とのコミュニケーションにおいては、自分の意に反して思わぬ方向に話が展開していくことがあります。

学生の頃を思い出してみてください。

たとえば、友人同士で楽しく話しているときに、話の流れでいつのまにかその場にいない人の悪口や愚痴の話になっていた、友人の愚痴を聞いていただけなのに、「そうだね」とあいづちを打ったばっかりに、いつの間にか「悪口を言っていた人」にされてしまったという経験はありませんか。

自分の悪口が耳に入ると嫌な気分になるのと同様、人の悪口を聞くのも気分のいいものではありませんね。

〝ここだけの話〟がここだけで終わることはまずありません。

とくに人に対するネガティブな発言は、本来伝えたい意味合いがうまく伝わらずに誤解されてしまう可能性があります。もし、そのような事態になってしまったら、誤解を解くのにも時間を要することになり、非常にもったいないですね。

絶対に同調しない

「相手の悪口や愚痴なんて学生時代の話で、社会人になったらそんなくだらないこと言っている人いないでしょ？」と思うかもしれません。

しかし、職場のトラブルや転職を考える大きな理由は「職場の人間関係」なのです。とても残念ではありますが、いくつになっても悪口や噂話はつきもの。

ビジネスパーソンとして仕事や人間関係をうまくやっていくためには、悪口や噂話のかわし方を身につけることも重要です。

まず一番大切なことは、悪口に同調して話をエスカレートさせないこと。

そのためには悪口が始まっても、その雰囲気にのまれないこと。ノリに流され、失言しないように意識することが大切です。

悪口の口火を切った先輩に気を遣うあまり、「そうですね」「本当にそう思います」「私も感じていました」など、話に同調してしまうと、あなたが中心で悪口を言っていたということになりかねません。

もし話を振られたら**「そういうことがあったのですか」「それは気づきませんでした」**などと、**同調もしないけれど、否定もしないというスタンスの発言でかわす**といいでしょう。

また、1対1で話をしていて、愚痴から次第に悪口に発展していった場合は、悪口の先ではなく、**目の前にいる相手に意識を向け、「話を聴く」という姿勢で対応する**のもひとつの方法です。

「そのようなことがあったのですか」
「いろいろな人がいますね」
「さまざまな考え方がありますね」

ほかにも、上司や先輩が、同僚や後輩の仕事の進め方に対する愚痴や批判を言ってきたときは、84ページでお伝えしたように「まず相手の意見を受け入れた上で、自分の考えを述べる」を応用するといいでしょう。

たとえば、後輩の電話応対がぎこちなく、あなたの上司が不安に思っていることを伝えてきたとしましょう。

上司　「今年の新人の○○君、いまだに電話応対に慣れてくれなくて。電話がなるたびビクビクしているし、何て答えるのかこっちがひやひやするよ」

あなた　**「そうですね、なかなか慣れないようですね。実は、ビクビクしながらも、はじめの頃よりは電話を取る回数は増えているようで、本人なりに慣れる努力はしているようです」**

このように、さりげないフォローまで入れられるようになるとさらにいいですね。

悪口や愚痴などのネガティブな会話をそのまま終わらせるのではなく、最終的にプラスのイメージで終わらせることができたら、周りからのあなたへの信頼はさらに厚くなるでしょう。

OKな
モノの言い方

① そのようなことがあったのですか
② いろいろな人がいますね
③ さまざまな考え方がありますね

NGな
モノの言い方

❶ そうですよね……
❷ 本当にそう思います……
❸ 私もそう感じていました！

COLUMN 05

謝罪の場面では、あなたやあなたの会社に非がなく、相手の勘違いなどで一方的なクレームを受けることもあるでしょう。

理不尽な内容で怒られると、どうしていいかわからなくなってしまいますね。

しかし、そのような場合も「こちらは悪くありません」という言い方をすると、かえって相手を怒らせてしまうことになりかねません。

ここでは、「ご不快な思いをさせてしまい、申し訳ございません」など、クレームの内容そのものではなく、相手に不快な思いをさせたことに対する謝罪の言葉を伝えることがポイントです。


クレームの電話を受けたとき、内容によってはあなたの判断では答えられないこともあるでしょう。

そのような場合は、いったん電話を切って、上司に助けを求めましょう。

「大変申し訳ございません。その件に関しましては、担当の者から折り返しお電話させていただいてもよろしいでしょうか」とお伝えし、上司の判断をあおぎます。

また、お客様や取引先の方に最初にお伝えしたことに関してクレームを言われたとしても、「はじめにお伝えしましたが〜」と言ってはいけません。

そのような場合は、「こちらの説明不足で〜」と伝えると、丸く収まります。

第6章

迷わず使える！メール・電話でのモノの言い方

自信がなければ、今すぐチェック！メールの正しい書き方

基本形を応用して、
相手との関係によって、
使い分けましょう！

やはり、ビジネスの場ではメールが主流

多くの人がスマートフォンを持っている現代で、日常生活の中で連絡手段としてメールを使うことはほとんどないかもしれません。

現在はＬＩＮＥやＦａｃｅｂｏｏｋのメッセンジャーなどを仕事の連絡ツールとして使う人も増えてきましたが、それでもビジネスではメールが主な連絡ツールです。

新入社員研修では、メールについてお話しする機会もよくあるのですが、多くの方がビジネスでのメールの書き方について悩みを抱えているようです。

伝える内容は簡単なことなのに、その書き方に迷い、考え込んで毎回時間がかかってしまう、という方にも何人もお会いしてきました。

この章ではビジネスのメールの基本と、誤解されることなくあなたの気持ちが伝わるメールの書き方、電話でのモノの言い方をお伝えしていきます。

メールは「件名」で開かせる

まずはビジネスでのメールの基本的な構成をみていきましょう。

①件名
②宛名
③はじめのあいさつ＋自己紹介
④本文
⑤結びのあいさつ
⑥署名

メールの基本のフォーマットは、これら6つの内容で構成されています。

①件名は、メールの内容がひと目でわかるように、**「マナー研修開催のお知らせ」「○○商品お見積書の送付」**などと、簡潔に書きましょう。

「研修の件」や「お礼」など内容がわからない件名だと、相手から迷惑メールだと思われる可能性もあるので、**メールを開かなくても件名だけで何が書いてあるかわかるようにする**ことがポイントです。

件名の後に、（株式会社ABC・山本）というように、会社名と自分の名前を入れると、受け取った相手は、誰からのメールかがわかりやすくなります。

②冒頭は、相手の会社名から。

「会社名＋部署名＋役職名＋氏名＋敬称」を明記すると、丁寧な印象を与えます。

「株式会社△○商事　営業部部長　田中一郎様」

1行目に会社名、2行目に部署名以降を書きます。肩書きがない場合は、部署名のあとに氏名と敬称が続きます。

③基本のあいさつは**「いつもお世話になっております」**

そのあと、自分の社名と名前を名乗ります。「株式会社ABCの山本です」

④本文は**「さて」「早速ですが」**から始めることが一般的です。
1行は30文字程度で改行するのが基本です。1段落はなるべく2〜3行にまとめ、段落ごとに1行空けます。

⑤結びのあいさつで、締めくくります。
「今後ともよろしくお願いいたします」など。

⑥必ず署名を書きます。署名の内容は
社名・部署名・氏名
郵便番号・住所・電話番号・FAX番号
URL・メールアドレス

基本的なフォーマットをご紹介しましたが、必ずしもこれを守らなければならないということではありません。

メールには、それを読む相手が存在します。

送信

差出人	yamamoto@a●●.com
宛先	tanaka@●●●.com
件名	○○商品お見積書の送付

株式会社△商事
営業部 部長 田中一郎 様

いつもお世話になっております。
株式会社 ABC の山本です。

早速ではございますが、ご依頼いただいていた
○○商品のお見積書をお送りいたします。

ご検討よろしくお願いいたします。

ご不明な点がありましたら、
遠慮なくお問い合わせください。

今後ともどうぞ、よろしくお願いいたします。

++++++++++++++++++++++++++++++++++
山本　太郎（やまもと・たろう）
株式会社 ABC
〒170-0013
東京都豊島区東池袋 3-9-7　東池袋織本ビル 4 階
TEL：03-3981-8651　FAX：03-3985-4947
E-mail：yamamoto@a●●.com
すばる舎：http://www.●●●.jp/
++++++++++++++++++++++++++++++++++

初めてメールを送るときと5回目とでは、相手との関係性も変わっているでしょう。たとえば、宛名の書き方。

初めてのメールでは相手に失礼がないよう、フォーマット通り、「会社名＋部署名＋役職名＋氏名＋敬称」を書くと、とても丁寧な印象を与えます。

しかし、担当者同士としてメールのやり取りを重ね、本文冒頭で相手が「山本様」と、苗字だけを書いてきたら、こちらも相手に合わせて「田中様」と書いたほうが、お互いに親しさが増し、これから先の仕事のしやすさにつながるかもしれません。

正しいメールフォーマットで失礼のないメールを書くことは大切なことですが、相手に応じて臨機応変な書き方をすることも、社会人として必要なことです。

メールの先には相手がいます。お互いにより良い仕事を展開していくためにも、メールを送信する相手を思いやり、相手を不快にさせない言葉の選び方、メールの書き方が身についていくと良いですね。

OKな
モノの言い方

① お見積書添付〈○○商品〉
② 御礼〈マナー研修ご参加〉
③ 時間変更のご連絡〈2月7日(月)面談〉

NGな
モノの言い方

❶ お見積もりの件
❷ お礼
❸ 時間変更のご連絡

書き出しと結びに親しみを込めると、気の利いたメールが書ける

書き出しは+αのひと言を。
結びは内容に合わせて
使い分けるのが◎

いつも「お世話になっております」ばかり使ってしまう…

研修の際、新入社員や若手のみなさんが口を揃えて悩むと言うのが「メールの書き出しと結び」についてです。

詳しく聞いてみると、「上司のメールを見ると、書き出しのあいさつや結びにレパートリーがあるけど、自分はいつも『お世話になっております』しか使えない」とのこと。

もちろん、「いつもお世話になっております」が不適切なわけではありません。むしろメールの基本的なあいさつ言葉として多くの人が使っています。

この基本のあいさつ言葉にひと言プラスすると、気の利いたメールが書けるようになります。

「伊藤様、いつもお世話になっております」

「いつもお世話になり、ありがとうございます」

「いつもお世話になっております。先日はご足労くださり、ありがとうございました」

など、言い回しのバリエーションが広がります。

また、初めてメールを送る場合は、**はじめましてのあいさつに、簡単な自己紹介を加えるといいでしょう。**

「はじめてご連絡いたします。株式会社ＡＢＣ営業部の山本太郎と申します」

「はじめてメールを差し上げます。株式会社ＡＢＣの山本と申します」

さらに、具体的なシチュエーションを示し、それに対する感想やお礼を伝えると、あなたの相手に対する感謝の気持ちが一層伝わる言い方になります。

「木村様、いつも大変お世話になっております。先日はお目にかかれて大変光栄でございました」

「いつもお世話になっております。早速ご対応くださり、ありがとうございます」

目上の人に「取り急ぎ」では失礼？

最後に読む結びのあいさつは、相手の印象に残ります。メールの内容に合った言葉で締めくくりましょう。

結びのあいさつの基本は**「どうぞよろしくお願いいたします」**ですが、ほかにも次のようなものがあります。

「引き続き、よろしくお願い申し上げます」

「今後とも、どうぞよろしくお願いいたします」

また、お礼の連絡を先に返す際に使う「取り急ぎ、お礼のみにて失礼いたします」ですが、「取り急ぎ」には「とりあえず急いで」という意味もあるため、お客様や取引先には使わないほうがよいでしょう。

×「取り急ぎ、お礼のみにて失礼いたします」

○**「まずは、メールにてお礼申し上げます」**

さらに、何かをお願いするメールの場合は次のような表現が使えます。

「ご検討のほど、何卒よろしくお願い申し上げます」

「ご多用の中、誠に恐縮ですが、○月○日（△）□時までに、ご返事をお願いできますでしょうか」

「お力添えのほど、よろしくお願い申し上げます」

最後に、感謝の気持ちや「いつでも連絡してきてください」のような思いを伝える内容のメールでは、次のようなあいさつで締めてみましょう。

「またお目にかかれます日を、楽しみにいたしております」

「ご不明な点がございましたら、遠慮なくお問合せください」

メールには、社外文書に必要な「拝啓」や「敬具」などの頭語と結語は必要ありません。「いつもお世話になっております」というあいさつ文でＯＫです。

本文書き出しのあいさつは誰もが使っている言葉だからこそ、締めのあいさつでは相手との関係にふさわしい言葉を添えて、あなたの気持ちを伝えることが大切です。

NGな

モノの言い方

❶ご無沙汰です

❷取り急ぎ、お礼のみにて失礼します

❸いつでも連絡してください

OKな

モノの言い方

①ご無沙汰いたしております

②まずは、メールにてお礼申し上げます

③遠慮なく、お問い合わせください

メールの文章が「とても・すごく」ばかりで幼稚に見える…

言い方を
少し工夫するだけで、
印象は大きく変わります！

「大変」「誠に」は便利な魔法のフレーズ

ビジネスで送る機会が多くあるメールのひとつに、相手へのお礼や感想のメールがあります。

感謝の気持ちをしっかりと伝えたいと思うあまり「とても感謝しています」「すごく嬉しいです」「とても助かりました」など、気がつけば「とても」や「すごく」ばかり使っていて、そのメールを見た上司に注意された、という経験がある方もいらっしゃるかもしれません。

「とても」や「すごく」を多用すると、読む人に幼稚な印象を与えてしまうため、ビジネスのメールとして適しているとは言えません。

では、「とても」や「すごく」を使わず、感謝の気持ちを伝える書き方、表現の仕方には、どんなものがあるでしょうか。

「とても感謝しています」は「大変ありがたく、心より感謝申し上げます」に。

「すごく嬉しいです」は「心より御礼申し上げます」と、言い換えることができます。

また、**「とても助かりました」は「お力添えくださり、誠にありがとうございました」や「○○様のご助力に、ただただ感謝の気持ちでいっぱいです」**などに言い換えができます。

「とても」「すごく」のみを言い換えたい場合は、「大変」「誠に」などを使うとよいでしょう。

同じ言葉の繰り返しは、しつこい印象を与えてしまう

ほかにも、感謝の気持ちがあふれ過ぎて、一通のメールの中に「ありがとうございます」が何度も出てくると、少ししつこい印象を与えてしまうこともあります。

たとえば、忙しい先輩に無理を言って時間を取ってもらい、相談に乗ってもらったとします。そのお礼のメールとして、次ページのようなメールの文面は、あなたはどう感じますか。

✕ NGメール

お疲れ様です。山本です。

昨日は相談に乗ってくださり、ありがとうございました。
私のために貴重な時間を取ってくださり、すみませんでした。

とても役立つお話で、参考になりました。
おかげさまで解決策が見つかり、嬉しいです。
本当にありがとうございました。

山本

○ OKメール

○○さん

お疲れ様です。山本です。

昨日は相談に乗ってくださり、ありがとうございました。
私のために貴重な時間を割いてくださいましたことを、
心より感謝申し上げます。

○○先輩のお話は、大変勉強になりました。
おかげさまで解決策が見つかり、助かりました。
嬉しく存じます。

○○さん、これからもいっそうのご活躍を祈念しております。
今後ともご指導のほど、よろしくお願いいたします。

山本

上のNGメールには3回も「ありがとうございます」という言葉が出ていて、なんだかくどい印象を受けませんか?

それに比べて、OKメールでは、例文の内容の趣旨はそのままに、「ありがとう」の出番を3回から2回に減らし、言い回しを少し修正しています。

さらに、最後の締めくくりに相手を思う言葉を記すことで、まったく違う印象になり、幼稚にも上から目線にも感じなくなります。

①感謝の言葉のバリエーションを増やす
②上から目線に感じられる言い回しを修正する
③最後は相手を思う言葉で締めくくる

この3つを意識することで、文面から受ける印象は大きく変わります。

NGな

モノの言い方

❶とても、すごく

❷貴重な時間を取ってくださり、すみませんでした

OKな

モノの言い方

①大変、誠に

②貴重なお時間を割いてくださり、心より感謝いたしております

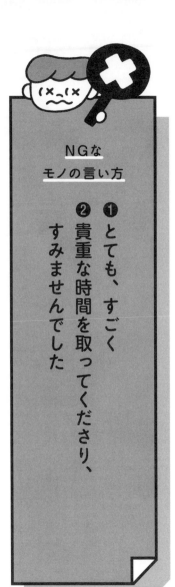

相手に誤解される「結構です」「構いません」

賛成の意味にも
反対の意味にも
取られる言葉は要注意!

使い方によっては、まったく違う意味に取られることも

「大丈夫です」という言葉はあまり使わないほうが良いということは、第1章で詳しくお伝えしていますが、同じようにメールでよく使われる「結構です」も、誤解を与えやすい言葉なので、使うときには注意が必要です。

たとえば、「結構なお品をありがとうございます」の「結構」は、「大変良い」という意味です。

また、「このお品で結構です」の「結構」は、「これで良い、差し支えない」という意味で使われています。

「もう結構です」は、「これ以上いらない」という断る気持ちを表しています。

「食事に行きませんか」と誘われて、「結構です」と言えば断っている意味に。

「結構ですね」と、「ね」をつければ、賛成の意味にとられます。

ほかにも**「結構、お上手ですね」は、割とうまいという様子を表していますので、目上の人に使うと失礼にあたります。**

このように、「結構です」は、使い方によっては、まったく反対の意味にもとられる、要注意言葉です。

「こちらでよろしいですか」と聞かれ、それで良い場合は、**「はい、問題ございません」「差し支えありません」**と、相手に意志が正しく伝わる言葉を用いると、間違った意味に受けとられることはなくなります。

もし「結構です」という言葉を使うなら、**「はい、結構です。ありがとうございます」**と、「ありがとうございます」をつけ足すことで、突き放すような冷たい印象になることを避けられます。

同じような意味で「構いません」という言葉があります。**「構いません」は言葉は丁寧ですが、「私は構いません」というように、自分が主語になっているため、目上の人には使わないほうが良い言葉です。**

OKな
モノの言い方

① 問題ございません、十分です

② 差し支えありません

NGな
モノの言い方

❶ 結構です

❷ 構いません

読みにくいメールは「〜と思います」だらけ

「存じる」や
「考えております」に
言い換えると読みやすい。

単調で読みづらい印象のメールになってしまう

ある企業の新入社員研修を行ったとき、「メールで自分の意見を伝える際に、『〜と思います』ばかり使ってしまう」と相談を受けました。

たしかに、自分の気持ちを表現するとき、「〜と思います」という表現は、よく使います。

①「今回は、こちらの方針で進めるのが得策かと思います」
②「故障の原因は、ネジの破損にあると思います」
③「誠に申し訳なく思います」
④「私はこのように思いますが、みなさんのご意見はいかがでしょうか」
⑤「お忙しいとは思いますが、どうぞよろしくお願いいたします」などです。

しかし、**この「思います」という表現がひとつのメール文の中に何度も出てくると、稚拙で子どもっぽい文章になり、とくに語尾に「〜と思います」が続くと、単調で読みづらくなってしまいます。**

それを解決するためには、「思います」を別の言葉に言い換える必要があります。
「思います」の意味を変えずに言い換えるにはどんな表現があるでしょうか。
①〜⑤の文を例に、考えていきましょう。

①「今回は、こちらの方針で進めるのが得策かと**存じます**」
②「故障の原因は、ネジの破損にあると**考えられます**」
③「誠に申し訳なく**存じます**」
④「私はこのように**考えますが**、みなさんのご意見はいかがでしょうか」
⑤「お忙しいとは**存じますが**、どうぞよろしくお願いいたします」

「思います」は、文章の内容に合わせ「存じます」「考えます」に言い換えられます。

相手にとって読みやすく、わかりやすい文章を作成するためにも、さまざまな言葉の言い換えのストックを持っておくことをおすすめします。

知らないと恥ずかしい「存じる」と「存じ上げる」の違い

また、「存じる」は「思う」という意味のほかに、「知る」という意味もあります。「存じる」を「知る」という意味で用いる場合、「存じる」と「存じ上げる」の2つの表現があります。それぞれの意味をみていきましょう。

「存じる」は、物や場所などを知っているとき、「存じ上げる」は、人を知っているときに用います。

×「研修センターの場所は、存じ上げております」

○**「研修センターの場所は、存じております」**

×「田中様を存じております」

○**「田中様を存じ上げております」**

このように言い方によって、意味が異なってくる場合もあるので、気をつけなければばなりません。

一方で、「存じます」ばかりが続いてしまうと、堅苦しい印象になってしまいます。

「ご連絡いただきたく存じます」と言う場合には、次のような言い換えを使うと、印象が和らぎます。


「ご連絡いただけましたら幸いです」

「ご連絡いただけますか」


このように、内容によっては、前後の文脈に合った言葉に言い換えられると、言葉のストックが増えていきます。

最初は「存じる」のようなビジネスのメール独特の表現に慣れず、苦労することもあるでしょう。

そんなときは、一度伝えたい内容を「〜と思います」のまま書いてみて、あとで語尾だけ直せば良いのです。

慣れてくると、ビジネスのメールに対して、苦手意識もなくなっていくでしょう。

NGな
モノの言い方

❶ ～と思います

❷ ご連絡ください

OKな
モノの言い方

① ～と存じます、～と考えております

② ご連絡いただけますと幸いです

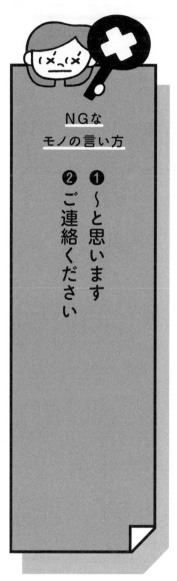

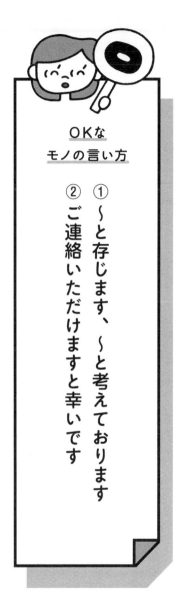

謝罪メールでは今後の具体策を明確にする

普段のメールより、
言葉選びや表現には
十分気をつけよう。

相手の反応がわからないからこそ、誠実さを全面に

第4章でもお伝えしましたが、いくら気をつけていても、どんなにベテランでも、ビジネスにミスや失敗はつきものです。

そんなときは、まず心からのお詫びをする、謝ることが大切です。

謝罪の基本は、ご迷惑をおかけした相手方に出向き、直接会って謝罪をすることです。

ただ、さまざまな理由ですぐには行けないこともありますし、まずは電話やメールで謝罪を伝えた後に、お詫びに出向くというケースもあるでしょう。

直接会う、電話で話す。この2つに共通しているのは、**言葉による気持ちのやり取りがあり、相手の反応や思いがすぐにわかる**ということ。

一方、メールは文字だけのコミュニケーションのため、どんなにメールに思いを綴っても、送信した時点では相手の考えはわかりません。

また、メールを読んでくれたかどうかも、メールを読んだあとの相手の気持ちも、

返信が届くまで知ることができないのです。

そのため、**謝罪のメールを書くときは、心から申し訳ないという気持ちを持って言葉を選び、お詫びの気持ちを述べることが大切**です。

謝罪のメールは、普段より改まった表現で書くほうが、より丁寧で誠実な印象を持ってもらえます。

謝罪メールのポイントは次の3つです。

①謝罪　↓　心からのお詫びの気持ちを伝える
②原因究明　↓　ミスの原因を明確にする
③解決策　↓　具体的な今後の対策を述べる

次のページのメールで考えてみましょう。

NGメールは、謝罪表現も軽い印象を与え、相手に「反省している気持ち」が伝わりにくいでしょう。

さらに、今後の具体策もないため、相手をもっと怒らせてしまう可能性があります。

✕ NG メール

田中一郎　様

お世話になっております。
株式会社 ABC の山本です。

この度はお約束をうっかり忘れてしまい、
ご迷惑をおかけしたようで、
どうもすみませんでした。
心からおわびしたいと思います。

お許しいただけますと幸いです。

取り急ぎ、お詫びまで。

山本

○ OK メール

株式会社△商事
営業部 部長 田中一郎 様

いつも大変お世話になっております。
株式会社 ABC の山本です。

この度は私の不手際により、
田中様とのお約束を失念し、
多大なるご迷惑をおかけいたしました。
誠に申し訳ございません。
心よりお詫びいたします。

今後はこのようなことがないよう、
肝に銘じます。

何卒、ご容赦くださいますよう、お願い申し上げます。

メールにて恐縮ではございますが、
まずお詫び申し上げます。

山本

反対にOKメールでは、「心からのお詫びの気持ち」を真摯に伝えており、今後の具体策も明確なため、相手から許してもらえる可能性が高いと言えるでしょう。

相手に迷惑をかけ、謝罪をする理由はさまざまです。

お詫びの言葉や、伝え方によって許してもらえたり、反対にさらなるトラブルに発展するケースもあるでしょう。

また、NGメールの「お許しいただけますと幸いです」は「ご容赦いただければ幸いです」に言い換えることができますが、謝罪メールでは自ら許しを求める一文を入れるよりも、お詫びに終始一貫するほうが、謝罪の気持ちが伝わります。

心からの謝罪の気持ちを相手に伝えるためには、その場に合ったお詫びの言葉を、本当に申し訳ないと思う気持ちを持って伝えることが大切です。

誠実さが伝わる謝罪であれば、たとえメールであっても、相手はあなたを許し、再度チャンスを与えてくれるはずです。

OKな
モノの言い方

① 誠に申し訳ありませんでした
② ご容赦いただければ幸いです

NGな
モノの言い方

❶ どうもすみませんでした
❷ お許しいただきたく思います

表情が見えない電話応対こそ、モノの言い方が最重要

電話を取るときは、

「会社の代表として取る」

という意識を持ちましょう！

「もしもし」ではなく、「お世話になっております」が常識

ここまではメールでの「モノの言い方」について、お伝えしてきました。

しかし、仕事をする上で、電話応対は必要不可欠です。とくに新入社員であれば、電話を取る機会は頻繁にあるでしょう。

私は新入社員研修を行う際、必ず電話応対のロールプレイングを行います。ロールプレイングを行う中で、「初めて話す人に対しても、『お世話になっております』というべきですか？」と質問を受けたことがあります。

これは**「自分は知らなくても、会社としてお世話になっている、社会のみなさまに対してお世話になっている」**という考え方から、日頃のお礼のあいさつは「いつもお世話になっております」を常套句《じょうとうく》として使っています。

主に個人間のやりとりとして利用する携帯電話に慣れている世代のあなた。

職場のみんなで使用する固定電話が鳴ると、まずなんと言えばいいのかわからずに不安になりますね。

しかし、会社にかかってきた電話を取るということは、相手からすると、電話に出た人が「会社の代表」。

つまり、**あなたが電話を取った場合は、あなたの発言が「会社の考え」となります。**

電話は会社の「第二の受付」であり、「営業の窓口」と言われるほど重要です。

これから電話での「モノの言い方」を一緒に学んでいきましょう。

電話の特徴は相手が見えない、声だけのコミュニケーションということ。

お互い表情は見えないからこそ、電話での「モノの言い方」は重要です。

ですから、相手に信頼してもらい、スムーズに会話を進めるためには、相手の状況に配慮した「言葉の使い方」が大切だと言えます。

まず、こちらから電話をかけたとき、相手が電話に出たからといって、いきなり用件に入ってはいけません。

最初に相手の都合を伺います。電話は、先方の時間に割り込むことになるので、相手が今、話せる状況にあるのか確認することが大切です。

「株式会社ABCの○○です。いつもお世話になっております。今、お時間よろしいでしょうか」

「今、お時間よろしいでしょうか」という、相手の状況を配慮する言葉があるかないかで、相手に与える印象は大きく変わります。

電話でもクッション言葉が高評価のポイント

相手からの電話を受けたときは「はい。○○会社営業部です」と伝えます。

ビジネスの電話で「もしもし」はNGです。

「もしもし」は「もの申す（申す申す）」から派生した言葉で、目上の人が目下の人に使う言葉だったといわれています。

一方「はい」は「拝」が語源で、相手に敬意を表す丁寧な言葉です。

したがって、どんなに親しくしている上司や取引先の方でも、「もしもし」という言葉は使いません。

また、電話をかけてきた相手が名乗らなかったり、会社名を言わないときは、**「クッ**

ション言葉＋伺い形」で聞くことがポイントです。

×「御社名とお名前をちょうだいできますか」

×「御社名をいただけますか」

○**「大変恐れ入りますが、御社名とお名前を伺ってもよろしいでしょうか」**

○**「○○様、差し支えなければ、御社名を伺ってもよろしいでしょうか」**

このように伺いを立てることで、失礼なく相手に名前を聞けますし、社内の人に電話をつなぐ際も、誰からかかってきたかわからないということもなくなります。

また、取次を頼まれたときは、すぐに復唱して確認します。

「総務部の○○でございますね。少々お待ちいただけますか」

社外の人に対しては、社内の人は「身内」ですから、**たとえ上司であっても呼び捨てにします。敬語も使いません。役職をつける場合は、「総務部部長の○○」というように、名前の前に役職をつけます。**

NGな

モノの言い方

❶もしもし、ABCの山本です

❷お名前をちょうだいできますか？

❸ご伝言、田中部長にお伝えいたします

OKな

モノの言い方

①はい、株式会社ABCの山本です

②大変恐れ入りますが、お名前を伺ってもよろしいでしょうか

③ご伝言、たしかに田中に申し伝えます

電話の取次は、相手を配慮する気遣いが大事

提案型で聞くことで、
相手の都合を
優先することができます。

取り次げないときは、具体的な情報を言わない

取引先「営業部の鶴岡様いらっしゃいますか？」
Aさん「打ち合わせで名古屋に出張しています」

このように名指し人が不在で取り次げない場合も、多くあるかと思います。
しかし、このAさんの電話応対は良い受け応えとは言えません。
取り次ぐ人が社内に不在の場合、外出先に関する詳しい情報は伝えないことが基本です。

×「打ち合わせで名古屋に出張しています」
○**「本日は終日外出しております」**
×「遅めのお昼休みで、出かけております」
○**「外出しておりますが、1時間ほどで戻ります」**

このように、具体的な場所は伝えず、何時に戻るのか、今日は戻らないのかを伝えることが大切です。

また、「席を外しています」もよく使う言葉ですが、「席を外している」というのは、「今、席にはいないけど社内にはいる」状態を言います。

「出張」「外出」は社外、「席を外している」は社内にいる場合と覚えておきましょう。

これだけはおさえたい！　電話応対5つのステップ

ビジネスで大切なことは、相手の知りたい情報を先手で提供することです。

次の5つのステップで伝えると、あらゆる状況に対応できます。

①待たせたことへのお詫び

↓**「お待たせいたしました」**

②取り次ぐことのできないお詫び

↓**「大変申し訳ございません」**

③その理由

↓**「ただ今○○は外出中でございまして」**

④連絡がつくタイミング

↓**「15時頃に戻ってまいる予定でございます」**

⑤今後の対策

↓**「○○が戻ってまいりましたら、△△様へお電話を差し上げますが、ご都合はいかがでしょうか」**

「いかがでしょうか」と、相手に決定権を委ねる言い方をし、相手の都合を優先させます。

また、相手の連絡先を伺うときは、相手と名指し人の付き合いが長いことを知っていても、**「念のため」**というクッション言葉を添えて確認します。

「それでは念のために、〇〇様のお電話番号を伺ってもよろしいでしょうか」

場合によっては、相手の声が聞き取れないときもあるでしょう。

そんなとき、つい「もう少し大きな声でお願いします」と言いたくなるかもしれませんが、相手を責めるような言い方は控えましょう。

実際に相手の声が小さかったとしても**「大変申し訳ございません。こちらの都合で恐縮ですが、もう一度おっしゃっていただけますでしょうか」**など、相手のせいにしない言い方を工夫しましょう。

OKなモノの言い方

① 本日は終日外出しております

② 念のため、お電話番号を伺ってもよろしいでしょうか

NGなモノの言い方

❶ 名古屋に出張しています

❷ お電話番号をお願いします

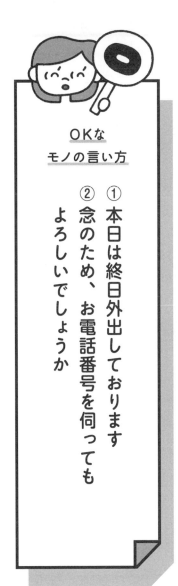

おわりに

本書を手に取り、最後まで読んでくださり、ありがとうございます。

本書では、「こんなとき何と言えばいいのだろう」という身近な悩みを解決する「モノの言い方」をご紹介してまいりましたが、あなたの言葉選びを磨くためのヒントは見つかりましたでしょうか。

「言いにくいことはこうやって言えばいいのか」

「上司へはこうお願いすると、快く引き受けてくれるんだ」

「褒められたときは素直に受け止めていいんだ」

このように、本書の中にあなたにとっての発見があれば、これほど嬉しいことはありません。

今はまだ、「モノの言い方」に自信が持てないかもしれません。

しかし安心してください。それでいいのです。

あなたがこの本を買ってまで「モノの言い方」を学び、身につけたいと思ったこと、その気持ちは本当に素晴らしいものです。

その気持ちを持ち続け、身につけた知識を、ぜひ実践の場で活かしてほしいと思います。

一歩一歩、ひとつひとつ、できることからでいいのです。

相手に誤解をされてしまった、理由がわからず怒られてしまったなど、モノの言い方で悩んだときに、本書をお役立ていただけましたら幸いです。

私が研修で元アナウンサーとお伝えすると、受講者の方から「コミュニケーションに悩んだことなさそうですよね」と言われることがあります。

たしかに、司会やナレーションなどは、一般の方に比べれば得意かもしれません。

一方で、普段の会話においては、アナウンサーのように流暢に話すことは人を遠ざけてしまうことにもなりかねない、と私は思います。

実際に、普段の会話の中で、きっちり話しすぎて相手を緊張させてしまうことがあると感じ、フランクに話せるようになるため、話し方教室に通ったこともありました。

その中で、言葉選びで一番大切なことは「相手を思い遣る心＝マナー」だと感じ、マナーコンサルタントの西出ひろ子先生に師事し、マナー講師としての活動もスタートしました。


本書でもお伝えしていますが、仕事には相手がいます。

その相手というのは、あなた以外の人、すべてです。

得意先の人、お客様、上司、先輩、同僚……。

それら多くの方々とコミュニケーションを取ることによって、仕事は成立します。

相手とどのような関係を築けるかは、「モノの言い方」次第だと、私は思います。

相手に合わせた言葉選びこそが、良好な関係を築くコツです。

「相手を想う心」があるかないかで、選ぶ言葉も話し方も変わり、それは相手にも伝わります。

無意識に出たひと言で、相手の気持ちを一瞬で変えてしまうこともあるのです。

言葉は使うことによって磨かれます。言葉を選ぶ感度も上がっていきます。

最初は間違えてしまっても、本書を見ながら書いてある通りにしか伝えられなくてもいいのです。

言葉を使っていく中で、相手に合わせて、あなたのオリジナルの言葉で伝える工夫ができるようになってほしい、そう願っています。

「今、相手はどんな気持ちでいるのか」
「どうしてほしいと思っているのか」
「どのような言葉で伝えると、相手に思いが届くのか」

あなたと目の前の相手をつなぐ、あなたにしか伝えられない、あなたらしい言い方を磨き、身につけていってください。

改めて、最後までお読みくださり、ありがとうございます。

本書があなたのこれからの人生を、周りの人達と一緒に愉しく豊かに過ごすことができる一助となれば、著者としてこれほど嬉しいことはありません。

金森たかこ

入社１年目から信頼される人は知っている

頭がいい人のマナー 残念な人のマナー

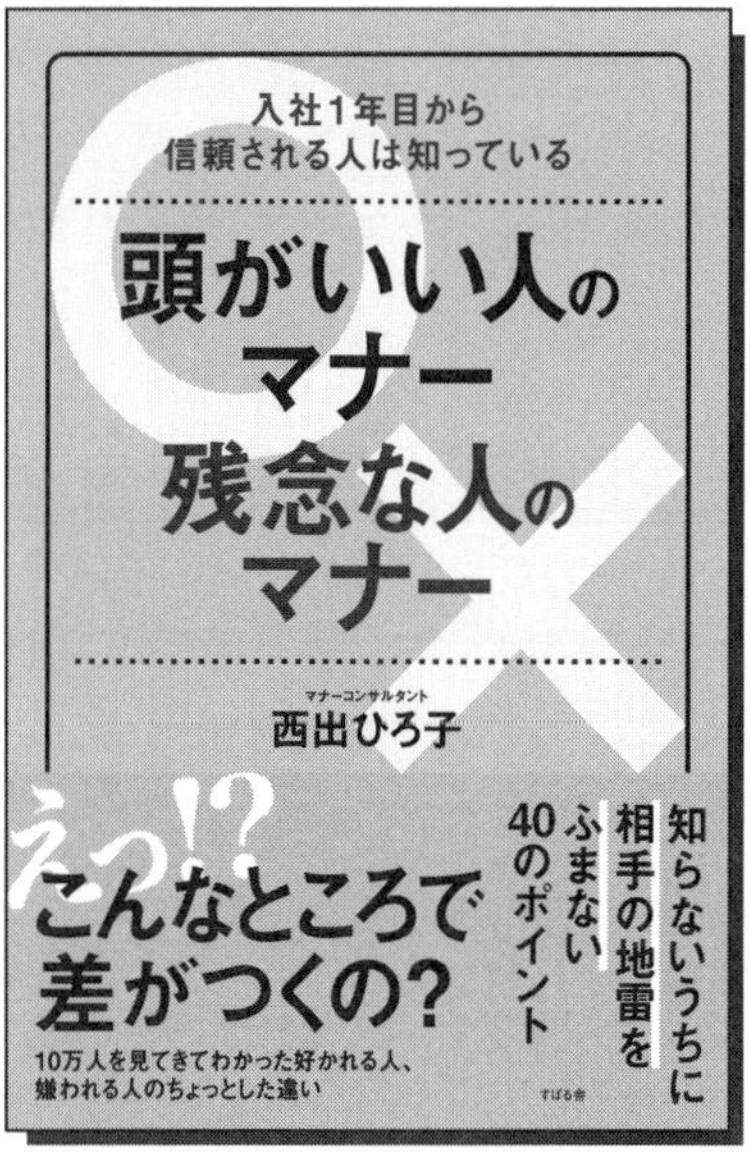

ISBN：978-4-7991-0495-8 本体 1,300 円＋税
西出ひろ子・著

第１章　第一印象で心を掴む【身だしなみ】
第２章　人間関係がうまくいく【あいさつ】
第３章　頭がいい人の【会話】
第４章　できる人の【日常業務】
第５章　信頼される人の【電話・メール】
第６章　評価される人の【来客応対】
第７章　結果を出せる人の【訪問】
第８章　一目置かれる人の【接待・交流】

http://www.subarusya.jp

〈著者紹介〉

金森 たかこ（かなもり・たかこ）

◇－マナー講師・話し方マナーコミュニケーション® 講師。ヒロコマナーグループ 一般社団法人マナー教育推進協会 ウイズ株式会社 所属認定講師。office T 代表。

◇－大手食品メーカー人事部にて人材育成・秘書業務などに携わった後、フリーアナウンサーとして独立。ニュース・情報番組をはじめ、テレビ・ラジオを中心にインタビュアー・司会・ナレーションなど、関西を拠点に声と話し方、コミュニケーションの仕事に携わる。

◇－その後、マナーコンサルタント西出ひろ子氏に師事し、ビジネスマナー講師として、企業、教育機関などで研修を行う。アナウンサーとして培った、話し方やボイストレーニングを取り入れた、独自の講義スタイルに定評がある。インターネットサイト「オトナンサー」ではアドバイザーとしてコラムをもち、雑誌などのメディアでも活躍中。

◇－著書に『入社１年目 ビジネスマナーの教科書』『入社１年目 人前であがらずに話す教科書』（いずれもプレジデント社）がある。

◆企業研修・コンサルティング
https://www.withltd.com

◆個人向けマナースクール
https://www.fastmanner.com

〈監修者紹介〉

西出 ひろ子（にしで・ひろこ）

◇－マナーコンサルタント・美道家。ヒロコマナーグループ代表。一般社団法人マナー教育推進協会 代表理事。ウイズ株式会社 代表取締役会長。国会議員などの秘書職を経て、マナー講師として独立。

◇－1999年、英国でビジネスパートナーと起業。独自のマナーコミュニケーション®論を確立し、帰国後300社以上の企業、10万人以上に人財育成研修やコンサルティングを行い、クライアントの収益増に貢献。他に類をみない唯一無二の結果を出すマナー指導法は「魔法の研修」と賞賛。

◇－その活躍は「マナーの賢人」として「ソロモン流」（テレビ東京）などのドキュメンタリー番組で紹介され、国内外の現役マナー講師たちが教えを乞うマナー界のカリスマ。NHK大河ドラマ「いだてん」「龍馬伝」、映画「るろうに剣心 伝説の最期編」などCMやテレビ番組などの世界で活躍する一流の俳優や女優、タレント、スポーツ選手などにマナー指導も行っている。

◇－著書に28万部突破の『お仕事のマナーとコツ』（学研プラス）、『要点をギュッ！はじめてのビジネスマナー図鑑』（池田書店）など、監修含め、国内外で85冊以上。著者累計100万部以上。

※マナーコミュニケーションは、西出博子の登録商標です。

モノの言い方1年生のキミへ

2019年3月16日　第1刷発行

著　者——金森たかこ

監　修——西出ひろ子

発行者——徳留慶太郎

発行所——株式会社すばる舎

〒170-0013 東京都豊島区東池袋3-9-7 東池袋織本ビル

TEL　03-3981-8651（代表）　03-3981-0767（営業部）

振替　00140-7-116563

http://www.subarusya.jp/

印　刷——株式会社シナノ

落丁・乱丁本はお取り替えいたします

ISBN978-4-7991-0799-7